안재홍 자료집성과 기념사업

안재홍 자료집성과 기념사업

초판 1쇄 발행   2016년 12월 30일

저 자 ㅣ 김인식 · 황우갑
편 자 ㅣ 민세안재홍선생기념사업회
발행인 ㅣ 윤관백
발행처 ㅣ 도서출판 선인

등록 ㅣ 제5-77호(1998.11.4)
주소 ㅣ 서울시 마포구 마포동 324-1 곳마루 B/D 1층
전화 ㅣ 02)718-6252 / 6257   팩스 ㅣ 02)718-6253
E-mail ㅣ sunin72@chol.com
Homepage ㅣ www.suninbook.com

정가   15,000원
ISBN   979-11-6068-017-1   94900
       978-89-5933-496-4   (세트)

· 잘못된 책은 바꿔 드립니다.

※이 책은 평택시의 후원으로 제작하였습니다.

민세학술연구총서 006

안재홍 자료집성과 기념사업

김인식 · 황우갑 지음

민세안재홍선생기념사업회 편

책머리에

올해는 민세 안재홍 선생께서 태어나신 지 125주기가 되는 해이다. 이에 『민세학술연구 총서』 제6권은 선생의 탄생 125주기를 기념하면서 '안재홍 자료집성과 기념사업' 관련 그 동안의 활동 역사 정리를 주제로 기획했다. 여기에 게재되는 글들은 안재홍 선생 서세(逝世) 50주년을 맞아, 2015년 10월 '민세안재홍선생기념사업회'와 '평택시'가 공동으로 기획한 「제9회 민세학술대회: 민세안재홍자료집성과 민세역사공원 조성방향」의 결과물이다.

민세 안재홍은 1891년 음력 11월 30일 현 경기도 평택시 고덕면 두릉리에서 태어나 일제강점기에 〈신간회〉운동 등을 주도한 국내독립운동의 핵심인물이자, 〈조선일보〉주필과 사장을 지낸 항일언론인이다. 또한 일제식민사관에 맞서 1934년 위당 정인보와 함께 〈조선학운동〉을 주창했고, 해방 후에는 남조선과도정부 민정장관, 좌우합작 추진위원, 2대 국회의원 등으로 활동하며 통일민족국가수립에 노력했던 정치가이자 '신민족주의론'을 주창한 정치사상가였다.

그러나 20세기 한국지성사에서 중요한 위치에 있던 민세는 1950년 6·25 전쟁 중에 납북돼 1965년 3월 1일 평양에서 생을 마감했으며 이후 권위주의 정치체제가 지속되는 가운데 오랜 시간 잊혀진 존재였다. 1970년대 후반 저명한 사학자이자 언론인이었던 천관우 선생이 책임편집을 맡아 시작한 『민세안재홍선집』이 국내 대표적인 출판사 〈지식산업사〉 김경희 사장의 열정으로 한권씩 발간되기 시작했고, 6공화국시기인 1989년 3월 1일 대한민국 정부는 민세에게 '대한민국 건국훈장' 대통령장을 수여, 본격적인 기념사업 추진의 단초를 제공했다.

'민세안재홍기념사업회'는 1999년 4월 17일 〈평택시민아카데미〉 주관 제2회 민세강좌에 중앙대 김인식 박사를 초청, '민세 안재홍 선생의 생애와 사상'이라는 강연과 함께 뜻이 모아졌다. 역사인물기념사업은 '관련인물의 자료정리, 기념사업회 조직과 활동, 기념건축물 조성과 시민평생교육 실천'이라는 3단계를 통해 차분하게 추진하는 것이 바람직하다. '민세안재홍기념사업회'는 이런 원칙을 충실하게 지키려고 노력했다.

이 책은 1970년대 후반에서 2015년까지 약 40여 년에 걸쳐 실천한 민세 관련 자료집성의 역사와 기념사업회 활동 내용을 정리한 것이다. 책에 수록된 필자의 논문을 요약하여 소개하고자 한다. 〈한국학중앙연구원〉 지원으로 2012년 9월부터 2015년 8월까지 총 16명의 연구인력이 참여 민세 안재홍 저작을 전집·DB화 하는 연구를 수행한 김인식은 『민세안재홍선집』 발간 과정 28년을 정리하며, '안재홍 자료집성사업'은 부인 김부례여사의 헌신과 원고보전노력, 후배 언론인이자 사학자였던 천관우 선생의 소명의식과 책임편집, 〈지식산업사〉 김경희 사장의 사명감과 책임출판, 안재홍 연구 1호박사인 정윤재 교수의 역사의식과 연구 선도, '민세안재홍기념사업회'의 시대의식과 홍보사업 등이 골고루 어우러져 가능했던 일이라고 평가했다. 또한 이번 안재홍 저작 DB화 이후의 과제로 자료에 대한 해제와 활자형태의 전집화가 필요하다고 강조했다.

2000년 10월 〈민세안재홍기념사업회〉 창립 이후 줄곧 사무국장으로 활동해온 황우갑은 〈민세안재홍기념사업회〉의 창립배경과 시기별 활동 현황을 분석하고 기념사업의 목적성 유지와 민관협력 실천, 민세 관련 주요 계기사업의 복원과 정신홍보, 꾸준한 학술대회의 개최와 학술자료 발간, 시민평생교육사업 실천, 〈민세상〉 시상 사업과 〈신간회〉운동 재조명 등의 성과가 있었음을 제시했다. 또한 기념사업 조직체계 활성화, 깊이 있는 안재홍 재조명 사업의 전개, 안재홍 관련 자료의 지속수집 노력, 다양한 시민교육 프로그램 개발과 운영, 생애스토리의 정리와 발굴, 안재홍 생가·고택의 보전과 민세 역사공원 조성 준비 등의 향후 과제도 제시했다.

민세자료집성 작업의 향후 실천 목표는 '민세학'과 '민세주의'(民世主義)를 정립하고, 민세 안재홍이 관심 가졌던 모든 영역을 포함하여, 그가 지향하였던 모든 가치를 포괄해서 '민세학'과 '민세주의'의 현재화에 노력하는 것이다. 민세기념사업의 향후 실천 방향도 '민세기념관'이라는 기념건축물 조성과 이를 활용한 시민평생교육 실천이라는 과제를 준비해야 할 시점이다.

다행히 2020년 완공을 목표로 추진 중인 평택 〈고덕국제신도시〉 내 안재홍 생가·고택 주변 88,595㎡(약2만6천8백 평)에 '민세역사공원'이 조성될 예정이다. 이곳에 '국제신도시'의 정체성에 걸맞게, 80년 전 엄혹한 일제강점기에 '민족에서 세계로, 세계에서 다시 민족으로'라는 열린민족주의를 주창한 안재홍의 정신을 기억하고 미래에 전승하는 기념관·연구소·기념공원 조성을 통해 민세기념사업이 미래지향적으로 발전돼 나가야 할 것이다.

이번 『민세학술연구 총서』 제6권이 향후 '민세학'을 정립하는 데에서 더 나아가, 21세기 한국학의 좌표를 설정하는 초석이 되기를 바라며, 또한 항일역사인물기념사업의 올바른 방향을 고민하는 분들께도 참고할만한 좋은 자료가 되기를 바란다.

지역 대표항일운동가 재조명사업에 애정을 아끼지 않는 〈평택시〉의 후원과 이번 총서 6권을 포함해서 창립 이후 현재까지 민세연구 총서의 꼼꼼한 교정에 힘써주신 이상권 민세기념사업회 이사님께 감사드린다. 아울러 2011년부터 좋은 인연을 맺어 매년 『민세 학술연구 총서』를 발간하는 데 힘써주시는 도서출판 선인의 윤관백 사장님과 편집 기획자 여러분께도 감사의 뜻을 전한다.

2016년 11월 30일 민세 안재홍 선생 탄생 125주년에
선생의 '상공불상(上功不賞)' 정신을 생각하며
민세학술연구 총서 6권 편집위원 대표 황우갑

차례 | 안재홍 자료집성과 기념사업

민세 안재홍 저작의 전집화·DB화 사업의 의의와 남은 과제

김인식 (중앙대학교 교양학부대학 교수)

I. 머리말

2012년 9월 1일부터 2015년 8월 31일까지, 필자를 비롯해 총 16명[1]의 연구 인력이 참여하여, 民世 安在鴻의 著作을 全集化·DB化하는 연구를 수행하였다. 우리 연구진이 한국학중앙연구원 산하 한국학진흥사업단이 지원하는 '2012년도 한국학 분야 토대연구지원사업'에 신청한 과제명은 「民世安在鴻 全集 資料集成 및 DB化 事業(The Comprehensive Collecting and Building Database For Min-Se Ahn Jae Hong Collections)」이었다(앞으로 'DB化 事業'으로 줄임). 연간 2억 9백만 원의 연구비를 지원받아 3년간 연구를 수행하였으며, 소기의 목표를 완료한 뒤 2015년 12월 말 최종 결과물을 제출하였고, 2016년 6월 8일부로 '과제 종료'의 심사 결과를 통보받았다.

---

[1] 연구진은 연구책임자 1명, 일반 공동연구원 5명, 전임연구 인력 1명, 연구보조원 9명으로 구성되었다.

이 사업은 기존에 발행된 『民世安在鴻選集』(知識産業社에서 총 8권으로 旣刊)을 포함하여, 未刊行된 안재홍의 모든 저작물을 발굴·수집·정리하여 全集化를 꾀한다는 목적 아래, 개개의 글들이 발표될 당시의 원문 형태(즉 당시의 표기법)로 입력하여 原文化한 뒤, 이들 결과물을 Database로 구축한다는 목표로 추진되었다. 과제를 종료하며 제출한 최종 결과물이 안재홍의 모든 저작물을 망라하지는 못하였지만, 『民世安在鴻選集』을 발간하는 데 헌신한 분들 모두가 염원하였던[2] '選集'의 '全集'化에 거의 다가섰다고 자부하며[3] 연구책임자로서 커다란 보람을 느낀다.

寡聞하여 잘못 아는지 모르겠지만, 한국의 근현대 인물 가운데 著作物 全帙이 DB로 구축되어, 연구자는 물론 일반인에게도 제공되는 사례는 안재홍이 처음이라고 생각한다. 정부기관의 지원을 받아 많은 연구인력이 집중해서 참여할 수 있었던 기회가 '全集化'에서 더 나아가 'DB化'까지 가능케 한

---

[2] 安在鴻選集刊行委員會 編輯委員의 대표였던 安浩相은 『民世安在鴻選集』 제1권의 「간행사」 마지막 문장을 "앞으로 완벽한 전집이 되는 날이 오기를 기원할 뿐이다."고 끝맺었다. 안호상, 「간행사」(1978년 겨울), 安在鴻選集刊行委員會 編, 『民世安在鴻選集』 1(知識産業社, 1981.6.30). 『民世安在鴻選集』 6·7·8권을 편집·해제한 박한용도 "결국 이번 ≪선집≫에도 누락된 민세의 원고 그리고 북에서 출간한 저작 등을 모아 다시 정리하는 작업이 뒤이어 이루어지길 기대한다. 이로써 4반세기에 이르는 ≪민세안재홍선집≫ 작업은 ≪민세안재홍전집≫으로 완성될 것이다."고 염원하였다. 박한용(민족문제연구소 연구실장), 「≪민세안재홍선집≫ 제6·7권 해제를 대신해」, 高麗大學校博物館 編, 『民世安在鴻選集』 6(지식산업사, 2005.8.15), 534쪽.

[3] 안재홍이 납북된 뒤 북한에서 발표한 글들을 수집하는 과제는 아직도 미완성이다. 또 납북되기 전에 발표한 글들 가운데, 목록상으로 확인되나 소장처를 알지 못하여 입력하지 못한 글들이 소수 있다. 반대로 遺稿保存綴에는 글이 남아있으나, 게재지 등 발표한 곳을 모르는 경우도 소소하나마 있다. 이상의 세 가지 이유에서 본 'DB化事業'의 결과물을 완벽한 '全集'이라 이름 붙이기에는 아직 이르다. 그러나 앞서 지적한 예를 제외한다면, 안재홍이 납북되기 전까지 발표한 저작물을 거의 망라하였다고 자부한다. 앞으로 남북통합의 길이 열려, 분단의 장벽으로 인한 오해와 억측들이 해소될 때, 북한에서 발표된 안재홍의 글들도 수집·정리되기를 기대한다.

추진력이었음은 물론이다. 그러나 좀 더 근본에서 되살펴보면, 이러한 공공의 혜택을 받을 수 있었던 배경, 이로써 집중력을 높여 예기한 성과를 거둘 수 있었던 이면에는, '헌신'·'소명의식'·'사명감'·'역사의식' 등 다소 칭송의 말들을 동반해야 할 만큼, 안재홍을 현재화하려고 노력한 분들의 功力이 컸다.

필자는 이 'DB化 事業'이 한 인물이 남긴 저작물을 집성하였다는 학술상의 의미 이상의 의의를 지니고 있다고 생각한다. 이 의의는 안재홍이 한국 근현대사에서 차지하는 위상과 비중에서 연원한다. 그의 삶과 사상은 역사학을 비롯한 사회과학의 방법론으로 객관화할 학문상의 가치가 있으며, 나아가 오늘날에도 현재화해서 실천의 근거로 삼을 만한 合目的性이 충분하다. 학문의 객관성이 현재·현실의 실천론으로 유용하게 이어짐을 '實學性'이라 표현한다면, 안재홍의 저작물을 집성함은 '한' 인물을 통하여 한국 근현대사를 재조명할 수 있는 자료를 제공하는 동시에, 그를 통하여 우리 시대의 좌표를 설정하고 진로를 제시하는 학문의 '實學性'을 확보하는 작업이기도 하다. 안재홍은 학문의 객관성과 실학성을 접목시킬 좋은 표본이다.

이 글은 지금까지 안재홍의 저작물이 축적되어 온 과정을 추적해 보면서, 이 'DB化 事業'이 갖는 의의를 도출해 보려고 한다. 안재홍 연구가 진행되고 『民世安在鴻選集』이 간행되는 과정에서, 이 연구의 지향점과 자료 집성이 완결해야 과제들이 이미 제기되었으므로, 이 바탕 위에서 새로운 문제의식도 도출될 수 있다고 생각한다.

이 논문을 작성하면서, 民世 安在鴻 著作物의 全集化·DB化가 이루어지기까지 크게 보아 다섯 차례 모멘텀이 있었고, 각각의 契機를 추동한 분(金富禮·千寬宇·金京熙·鄭允在·민세기념사업회)들[4]의 노력이 헌신에 가까울 만큼 짙었음을 확인하였다. 학술 논문에 적당하지 않은 칭송의 말로 들리겠지만, '헌신'·'소명의식'·'사명감'·'역사의식' 등의 말로 표현해야 할 만큼, 안재홍을 현재화하려는 이들의 功力은 본 'DB化 事業'의 선행 작업으로서 『民世安在鴻選集』을 완간케 하는 動力이었다. 이 논문은 다섯 차례의 계기에 초점을 두어 살펴보면서, 안재홍 연구의 방향성과 지향점까지 생각해보고자 한다.

논문을 준비하는 과정에서 자료들을 다시 찾아 읽으며, 이전에도 읽기는 하였지만 깊게 보지 못했던 사실들의 이면을 숙고하게 되었고, 여러 차례 숙연함에 빠졌다. 그러면서 인간을 통하여 작동하는 인간 저편의 무엇을 '섭리'라고 했던가 하는 생각도 때때로 들었다. 이 글에서 원문을 그대로 인용하는 경우가 많았는데, 풀어 서술하기보다는 여러 분들의 진심을 肉聲으로 전하려 하였기 때문이다.

II.『민세안재홍선집』발간 과정 28년의 의미

한국사 전체로 확장한다면 더욱 방대하겠지만, 한국 근현대 인물의 저작물을 집성하여 '全集' 또는 '選集'의 형태로 발간한 출판물은 헤아리기 어려울 만큼 많다. 한 인물의 정신을 선양하거나 연구를 촉진할 목적 등을 비롯해 다양한 형태(이를테면 판매를 목적으로 출간하는 경우)로, 뚜렷한 목적의식 아래 간행되는 이러한 전집류는, 기획에서 편집·출판·보급까지 일련의 계획성에 따라 진행된다. 대개의 경우 간행(또는 편집·편찬)위원회를 구성하여 편찬 작업을 완료한 뒤 '한 벌(帙)'의 온전한 저작물을 보급하기까지, 발간

---

4) 이 글의 성격상 '김부례 여사'·'천관우 선생' 등 존칭을 사용할 필요도 있으나, 학술논문의 형식이므로 격식은 생략하기로 한다.

주체들이 발행 체계를 이미 완결한 상태에서 출발하므로, 목표한 全帙의 첫
째 권(首卷)과 마지막 권(結卷)이 발행되는5) 시간의 간격은 그다지 크지 않
다.

　1960년대의 빈약한 출판 상황에서,『李光洙全集』총20권(三中堂 刊)의 초
판이 完刊되는 기간은 1962년 4월(제1권 발행)부터 1963년 11월(제20권 발
행) 사이였다. 1970년대를 예로 든다면, 한 개인의 저작물을 집성한 '전집'으
로서 방대함을 손으로 꼽는 高麗大學校 亞細亞問題硏究所 六堂全集編纂委
員會 編,『六堂崔南善全集』1~15권(玄岩社 刊)은 6년간의 편집 작업을 거쳐
1973~1975년 동안 발간되었다.6) 예를 더 들면, 반공 이데올로기로 금기시되
었던『이정 박헌영 전집』전9권은 기획에서 발행까지 무려 10여 년의 시간이
걸렸지만,7) 일시에 상재하여 2004년 7월 19일 통으로 완간 · 발행되었다.

　최근에 발간되는 인물들의 전집류도 일시에 완간하는 경우가 대부분이다.
상업성이 그다지 크지 않은데도, 이렇게 완간할 수 있는 힘은 출판의 관건이
되는 재정문제가 걸림돌이 되지 않았기 때문이다. 해방정국기 정치사의 양
대 거두로 평가받는 雩南 李承晩과 白凡 金九의 저작물도 '전집'의 형태로
집성되어 일시에 상재 · 완간되었다. 전자는 4년 반,8) 후자는 10여 개월 남

---

5) 대개의 경우는 全集 또는 選集의 각 권에 붙인 一連番號는 책이 발간되는 순서와
　일치하지만,『李光洙全集』의 예에서 보듯이, 출판 사정에 따라 連番이 발간 순서와
　일치하지 않는 사례도 종종 있다. 이를테면『李光洙全集』의 제12권은 1962년 11월
　25일, 제10권은 1963년 5월 20일에 발행되었다.『民世安在鴻選集』도 제8권이 제7권
　보다 먼저 간행되었다.
6) 본래는 全16권으로 기획하였으나 15권으로 完刊되었다. 제1~8권은 1973년 10월 10일,
　제9~14권은 1974년 10월 30일에 初版이 발간되었다. 總目次 · 綜合索引 · 年譜로 구성
　된 제15권은 1975년 6월 20일 출판되었다. 全帙이 일시에 완간된『六堂崔南善全集』
　전14권(역락, 2003.5)는 영인본이다.
7) 원경 · 서중석 · 윤해동,「(발간사) 전집 편집작업, 그 10여 년의 고투」, 이정박헌영전
　집편집위원회,『이정 박헌영 전집』1(역사비평사, 2004,7), 12~23쪽.

짓[9] 동안의 편집 작업을 거쳐서, 양자가 1년 모자라는 시차를 두고 거의 비슷한 시기에 발행되었고, 언론기관이 재정문제를 비롯한 후원에 앞장섰다는 공통점도 보인다.

이러한 편찬사업에서 연구자를 확보하고 이를 후원하는 內外功의 결합은 필수 조건이나, 재정 후원을 비롯한 外功을 갖추지 못한 채 목적의식이라는 의욕만으로 출발하였다가 中途半端에 그치고 만 예도 있다.[10] 『民世安在鴻選集』은 다행히 '선집'이라는 소기의 완간을 이루었으나, 首卷과 結卷 사이의 발행 간격이 컸던 데에도 이러한 사정이 있었음은 물론이다.

이상에서 설명하였듯이, 한 인물의 저작물을 집성하여 출판하는 작업은, 해당 인물의 기념사업회 또는 대학부설 연구소를 비롯한 튼실한 연구소가 출판에 필요한 재정 문제를 해결한 상태에서 출발하였다. 이렇게 자료수집 · 교열 · 해제 등을 비롯한 편집과 간행의 전 과정이 일관된 기획성을 갖추어 진행되었으므로, 짧은 시간에 목표한 完帙을 上梓함이 가능하였다. 또 자료를 수집하기 시작하여 편집을 마치고 상재하기까지 시간이 다소 오래 걸렸다 하더라도, 인쇄에서 출판까지 발행이 완간되는 시간의 폭은 그다지 크지 않았고 기간은 매우 짧았다. 이러한 常例와 비교한다면 『民世安在鴻選集』은 매우 특이한 사례를 보여준다.

----

8) 우남문서가 발간되는 경위와 과정은 柳永益(現代韓國學研究所 所長), 「刊行辭」, 延世大學校 國際大學院 附設 現代韓國學研究所 雩南李承晚文書編纂委員會 編, 『(梨花莊所藏) 雩南李承晚文書 東文篇』 第一卷(中央日報社 現代韓國學研究所, 1998.8), 1~6쪽을 참조.

9) 백범김구선생전집편찬위원회 위원장 尹炳奭, 「편찬사」(1999.6.10), 白凡金九先生全集編纂委員會 編, 『白凡金九全集』 第一卷(대한매일신보사, 1999.6), 15~18쪽.

10) 夢陽呂運亨先生全集發刊委員會 編, 『夢陽呂運亨全集』(한울 刊)이 대표되는 예이다. 발간위원회가 애초 "전3권으로 출간할 것을 계획"하고 1991년 10월 제1권을, 1993년 9월 제2권을 출간하였으나, 1997년 11월 "몽양 여운형의 전집을 미완성인 채로 일단 락짓는" 제3권을 발간하였다.

　‘全集’을 표제로 내걸은 책들도 일시에 완간되었는데, ‘전집’을 기약하며 ‘선집’을 표방한『民世安在鴻選集』(앞으로『選集』으로 줄임)이 무려 20여 년의 시간이 걸렸음은 흔치 않은 사례이다. 同 선집은 편찬 작업은 넣지 않고, 제1권이 발간된 날부터 제5권이 출간되는 기간만 따져도 18년 6개월이 걸렸다. 이러한 연유를 생각해 보면, 해방정국의 중간우파조차 ‘容共分子’·‘빨갱이’로 매도하는 反共 이데올로기가 극성을 부렸던 시대사가 크게 작용하였다. 이는 튼실한 후원처를 찾지 못하는 사정으로 이어졌으며, 여기에 발간 주체들의 개인사도 영향을 미치는 등 크고 작은 우여곡절이 많았기 때문이다. 그러나 역으로 말하면, 여러 악조건 속에서도 단념하지 않고 20여 년에 걸치어 마침내 ‘완간’을 이루어낸 사실이야말로,『選集』을 발간한 주체들의 의지를 떼어놓고는 설명할 수 없다.

　어찌 보면『選集』이 발행되는 과정은, 안재홍이 한국사회에서 재조명되는 궤적과 일치한다. 안재홍을 연구하는 학계의 동향은 굳이 거론하지 않아도 될 만큼 크게 진전되었고, 이제 연구의 심화를 위해서『民世安在鴻全集』의 완간을 기대하는 수준에 이르렀다.『選集』이 발간되기 시작함으로써 안재홍 연구의 관심을 이끌었고, 역으로 이러한 연구가 축적됨으로써 어려운 여건 속에서도 다시『選集』이 續刊되어『全集』의 完刊을 목표로 삼는 추진력이 되었다.

　필자는 그 동안 안재홍을 연구하면서, 기본 텍스트로 삼는『選集』이 완간되는 데 상당한 시간이 소요되었음을 의아하게 여기고, 저간의 사정과 관련시켜『選集』이 발간되는 과정을 추적해 보았다. 나아가서 좁게는 안재홍에 국한하여, 넓게는 한국 근현대 인물을 연구하는 방향성과 지향점도 생각하여 보았다.

III. 김부례 여사의 헌신과 원고보전

安在鴻選集刊行委員會 編輯委員의 대표를 맡은 安浩相은『選集』제1권의 「간행사」에서, 책이 발간되는 '보람찬 결실'의 이면을 다음과 같이 적었다.

(자료 A)

이 ≪선집≫의 발간에는, 간행위원을 비롯한 실로 많은 분들의 정성이 집약되었다. 특히 근 三十년 동안 유고 보따리를 생명선처럼 알뜰히 보관해 온 미망인 김부례(金富禮) 여사의 지성어린 후원, 출판사 선정에서부터 백사 젖혀놓고 편찬 작업을 주관한 사학자 천관우(千寬宇)씨의 노고, 그리고 공사 분망한 틈틈이 자료를 채집하여 보완해 준 평론가 임중빈(任重彬)씨의 지원이 없었던들, 오늘의 보람찬 결실은 있기 어려웠을 터이다. 지식산업사의 호의와 아울러 이분들 앞에 충심으로 감사의 인사를 드린다. …

단기 四三一一년(서기 一九七八년) 겨울

≪안재홍선집≫ 간행위원회 대표

철학박사 **안호상** 삼가 씀11)

위의 자료에서 안호상이 거론한 인명들은 바로 이 논문에서 언급하려는 사람들이다. 굳이 안호상의 말을 인용하지 않더라도, 안재홍의 저작물이『選集』1~8권의 형태로 세상에 전할 수 있었던 첫 번째 功力은 김부례 여사12)에게서 출발하였다. 관심인이라면 이미 아는 사실이지만, 좀 더 전하고 싶은 바를 서술하고자 한다.

----

11) 안호상, 앞의 「간행사」(1978년 겨울).

12) 이하 '여사'를 생략한다.

안재홍은 1938년 4월 첫 번째 부인 李貞純 여사와 사별한 뒤, 1941년 1월
益山의 盆城金氏 富禮와 재혼하였다.[13) 안재홍이 김부례와 재혼하려던 무
렵, 그는 유산으로 물려받은 '스물넉 섬 반지기의 농토' 가운데 '스무 섬지기'
를 조선일보사의 빚을 갚기 위해 팔아 썼으므로 남은 재산이 거의 없었다.
김부례의 집안에서는 이러한 이유들을 들어 혼사를 반대하였으나,[14) 김부례
는 처녀의 몸으로[15) 18세나 손위인 안재홍과 부부의 연을 맺었다.

김부례에 따르면, 6 · 25전란 중 안재홍이 납북당한 날은 1950년 9월 21일
0시 무렵이었다. 6월 27일 안재홍은 城北署를 통해 피난하라는 통지를 받고
서, 친지들에게 피난을 권유하다가 정작 자신은 渡江의 기회를 놓쳤다. 그는
친지들의 집을 전전하다가, 敦岩洞 城北署 옆에 있는 동생 安在學의 집에
은신했다가 납북되고 말았다.

이후 김부례는 안재홍의 소식을 전혀 듣지 못하였고, 그때의 절박한 심정
을 "평양에 監禁되어 계시는 남편 곁으로 구름이나 학이 되어 날아가고 싶었
어요. 날아갈 때 진안개 안 끼겠지."라는 말로 애절하게 표현하였다.[16) 안재
홍이 납북된 뒤, 김부례는 "정세 좋아지면 상봉하겠지 하고 一刻이 如三秋같
이 日久月深 기다"리면서,[17) "자나 깨나 그분의 건강과 안전을 빌어왔"으

13) 千寬宇, 「民世 安在鴻 年譜」, 『創作과 批評』 통권50호 · 1978년 겨울호(創作과 批評社,
    1978.12), 234~235쪽. 김부례는 1909년생으로, 1891년생인 안재홍과 18살 차이가 난다.
    김부례는 생존시 늘 "남편 遺骸가 이북땅에 埋葬되었다고 합니다. 一九〇九年生 내
    生前에 以南의 國立墓地로 移葬하기 원합니다."고 기원하였다. 金富禮, 「나의 恨, 金
    富禮」(1989.9.23), 『選集』4(知識産業社, 1992.9.9), 363쪽.
14) 宣明韓, 「(독점인터뷰: 미망인 金富禮 여사 泣訴의 인터뷰) 民世安在鴻先生 미망인의
    望夫詞 -북녘의 그분 遺骸, 생전에 뵈올는지」, 『政經文化』 통권214호(京鄉新聞社, 1982
    년 12월호), 205쪽.
15) 「지식산업사 김경희 사장과 인터뷰」(2014년 2월 19일 오후 서울 지식산업사에서).
16) 「되새겨진 民族의 悲劇 -故 民世 安在鴻氏 遺骸 없는 殯所 마련」, 『京鄉新聞 (社會面)』
    (1965.3.3)(『選集』4, 354~355쪽); 金富禮, 「앞의 글」, 『選集』4, 362쪽.

며,[18] "탑골僧房에서 先生(안재홍을 가리킴 : 인용자)의 健康과 南北統一을 빌기 十年"의 세월을 보냈다.[19]

김부례가 이토록 간절하게 기원하는 가운데 15년여의 세월이 흘렀고, 1965년 3월 1일 안재홍이 75세로 평양에서 永眠하였다는 소식이 外信을 통하여 들려오자, 김부례는 땅바닥에 철썩 주저앉고 말았다. 서울 돈암동 안재홍의 遺宅에서 "遺骸도 못 보고 … 交椅 모시고 사진 놓고 朝夕으로 香 피고 上食 올리고",[20] 이렇게 '遺骸 없는 殯所'를 지키며 영결식을 치렀다.[21] "연세도 연세려니와 일제치하 감옥에서 고생하고 건강을 해쳤음을 생각하면 수긍"이 간다고 애써 담담하게 받아들이면서, 김부례는 안재홍의 극락왕생을 지성으로 기원하였다.[22] 四十九齋를 마친 뒤에는 "名山古刹 찾아다니며 부처님께 順興安氏 在鴻 靈駕 西方淨土 極樂世 가게 해주시라고 기원"하였고,[23] "板門店에서 南北이 만난다는데, 그 자리를 통해 그분의 遺骸라도 돌려받을 수 있"기를 간절히 소망하였다.[24]

김부례의 望夫詞를 다소 장황하게 옮긴 이유는, 안재홍을 향한 그분의 마음을 꼭 집어 표현하기 어렵지만, 읽는 사람으로 하여금 가슴 뭉클케 하는 무엇이 안재홍의 저작집이 오늘날에 전하게 된 발단이었음을 말하고 싶기 때문이다. 김부례는 납북된 안재홍의 안위를 일구월심 염려하고 사후의 극

17) 金富禮, 「앞의 글」, 『選集』 4, 361쪽.
18) 宣明韓, 「앞의 글」, 199쪽.
19) 앞의 「되새겨진 民族의 悲劇」, 『選集』 4, 354쪽.
20) 金富禮, 「앞의 글」, 361쪽.
21) 「遺骸 없는 殯所 지키며 -슬픔에 잠긴 安在鴻氏 遺族들」, 『東亞日報(社會面)(1965.3.3)』(『選集』 4, 353쪽) : 앞의 「되새겨진 民族의 悲劇」, 『選集』 4, 354~355쪽.
22) 宣明韓, 「앞의 글」, 199쪽.
23) 金富禮, 「앞의 글」, 『選集』 4, 361쪽.
24) 앞의 「되새겨진 民族의 悲劇」, 『選集』 4, 354쪽.

락왕생까지 지성으로 기원하면서, 안재홍의 저작물이 후세를 향하여 소리칠 수 있도록 이를 온전하게 지켜냈다. 이러한 정성은 안재홍이 생존할 당시부터 시작되었고, 안재홍도 이에 고마움을 깊게 표현한 바 있다.

만주전쟁이 일어나고 또 중일전쟁이 터지는 동안에도 안재홍은 거듭 투옥되었다. 이때 그는 감옥에서 "政治로써 鬪爭함은 한동안 거의 絕望의 일이오 國史를 硏鑽하야 써 民族正氣를 不朽에 남겨둠이 至高한 使命임을 自任하였을새 이에 國史專攻에 專心"하기로 마음먹었고, "몬저이考徵書(『조선상고사감』을 가리킴 : 인용자)를 完成하고 뒤이어 朝鮮通史를 完成코저함이 … 至大한 念願이엇다."[25] 이처럼 안재홍은 먼저 조선상고사를 다룬 저서를 완성한 뒤 朝鮮通史를 서술할 계획을 구상하였다. 그는 세칭 군관학교학생 사건으로 2년의 형을 받고 보석 중에 있던 1938년부터 杜陵里의 鄕第에 머물면서 조선상고사 집필에 전념하였다.[26] 1942년 무렵에는 저술을 대체로 완성하고 『조선통사』를 집필하는 길목에 들어섰는데, 이해 12월 조선어학회 사건으로 함경남도 洪原에 또다시 구속되었다(마지막 9차 옥고). 이때 『조선통사』를 집필하기 위해 작성한 '허다한 카드'가 소실되었고, 이후 카드 작업을 재개할 겨를도 얻지 못하였다. 『朝鮮通史』가 第三編 中古史의 '第三章 衛滿朝鮮과 漢四郡[27)]에서 중단된 사정은 이 때문이었다.

[25] 安在鴻, 「≪朝鮮上古史鑑≫ 卷頭에 書함」, 『朝鮮上古史鑑』 上卷(民友社, 1947.7.20), 3쪽. 『朝鮮上古史鑑』의 下卷은 같은 출판사에서 1948년 4월 1일 발행되었다.
[26] 이 동안 안재홍의 가정에는 불행사가 겹쳐 일어났다. 안재홍의 전처 李貞純의 지병이 갑자기 악화되어, 예정되어 있던 장남 安晟鏞의 혼사 하루 전날 별세하였다. 보석 중이던 안재홍은 장남의 혼사를 미루고 공소판결을 일부러 上告까지 하면서 혼사를 마치려 하였으나, 婚日이 다가오는 5월 22일 흥업구락부 사건에 연루되어 다시 구속되었다가 3개월 만에 석방되었다(제7차 옥고). 일제는 아버지로서 의당 수행하는 婚主의 소임도 허락하지 않았으므로, 안재홍은 入監 상태에서 아들에게 혼사를 치르도록 권할 수밖에 없었다. 이 와중에서도 안재홍은 상고사 집필을 계속하였다. 安晟鏞, 「아버지와 나(遺稿)」, 『選集』 4, 368~370쪽.

안재홍은『조선상고사감』의 研究草만은 "행혀나 縷命이 橫絶한 後에라도 泯沒됨이 없이 우리 社會에 流通되어야 할 것을 祈願하면서 片刻을 다투어 辛勤하게 抄存"하였다.[28] 그가 조선어학회 사건으로 100여 일 투옥되어 있던 동안, 김부례는『조선상고사감』의 초고가 일제 관헌에 압수되지 않도록 세심하게 보관하였다. 안재홍은『조선상고사감』서문에서, 이 책을 집필하는 동안 투병 중이었던 전처 이정순이 임종하기 직전에 오히려 안재홍의 건강을 염려하였고, 자신이 喪中에도 저술에 매진하였던 저간의 사정을 담아 亡妻를 회상한 뒤, 원고를 보존해 준 新妻에게 다음과 같이 고마움을 표현하였다.

(자료 B)

壬午의嚴冬 나―北獄에拘束된後[29] 新妻富禮 이草案이再搜査로 押收될가저허하여 草稿를싼보따리를 貧族의집콩항아리속에 묻어두고 홀로孤獨의 悲愁를 참든바이라. 또한이에 附記하노라. 覽者그 愿諒하시라.[30]

8·15해방 후 안재홍은 정치활동으로 분망한 와중에서도 신문·잡지에 수많은 時評을 기고하였고, 또 방송·강연 등을 통하여 政見을 발표하였으며, 저술을 출간하기도 하였다. 이미 언급한『조선상고사감』上·下卷은 단행본 분량이며,『新民族主義와 新民主主義』(民友社, 1945년 12월 20일 발행)와 『(新朝鮮叢書第二輯)韓民族의 基本進路』(朝洋社出版部, 1949년 5월 발행)도 小冊子의 형태로 활자화되어 세간에 읽혔다.

---

27)『朝鮮通史』는 완성되지 못하였으므로 안재홍의 생전에 출간되지 않았으나, 천관우가 안재홍의 육필 원고를 교열·편집하면서『選集』4, 17~82쪽에 수록하였다.

28) 앞의 「≪朝鮮上古史鑑≫ 卷頭에 書함」, 4쪽.

29) 1942년 12월 조선어학회 사건으로 구속된 사건을 가리킴.

30) 앞의 「≪朝鮮上古史鑑≫ 卷頭에 書함」, 4쪽.

김부례는 공개되지 않은 안재홍의 육필 원고를 비롯하여, 신문·잡지에 발표되었으나 단행본으로는 묶이지 않은 수많은 저작물들(교정지 형태로 남아 있는 원고 등)을 소중히 보존하였다. 평상시에는 화재로 소실되지 않도록 세심하였으며, 6·25전란의 피난길에도 옷가지나 살림살이보다도 안재홍이 남긴 원고 뭉치를 먼저 챙겨 그 보따리를 이고 피난을 다녔다.[31] 바로 이 원고 뭉치가 천관우가『選集』을 편집하면서, "여기에 사용된 자료의 상당 부분은, 유가족이 그 동안 고이 지켜온 유고보존철(遺稿保存綴)에서 추린 것"이라고 말한 방대한 자료들이었다.[32] (자료 D-1)에서 보듯이, 천관우가 김부례에게서 전해 받은 '유고 뭉텅이'는『選集』전5권의 3배인 15권 정도의 책을 낼 분량이었다.『選集』이 지식산업사에서 간행되는 동안, 김부례는 매일 아침 안재홍을 위해 기도를 올리면서 천관우·김경희의 건강도 함께 기원하였다.[33]

Ⅳ. 천관우 선생의 소명의식과 책임편집

김부례가 자신의 생명 이상으로 소중히 보존한 안재홍의 저작물은 천관우의 노력으로 세상에 '유통'되었다. 천관우가 표현한 바를 빌면, 이는 안재홍과 천관우의 '우연한 機緣'에서 발단하였다. 천관우가 안재홍을 존경함에 비례하여, 두 사람의 삶이 여러 모에서 닮은꼴임도 '기연'이다.

천관우는 안재홍을 가리켜 "민족 운동가로서 언론인으로서 역사가로서 그

31) 「지식산업사 김경희 사장과 인터뷰」(2014년 2월 19일 오후 서울 지식산업사에서).
32) '연보작성자 小序', 앞의 「民世 安在鴻 年譜」, 213쪽.
33) 앞의 「지식산업사 김경희 사장과 인터뷰」.

리고 해방 후로는 정치인으로서, 그 분야에서마다 굵직한 자리를 차지하는 고절(苦節)의 국사(國士)이었습니다."[34]고 평가하였다. 정진석은 천관우를 가리켜 "언론인, 사학자, 민주화 운동가로 우국적인 한말 언론인의 사상과 행동을 계승한 논객이자 문장가의 풍모를 지녔던 올곧은 인물이었다."고 평가하였다.[35] 안재홍과 천관우, 두 사람은 언론인·역사가·문인이라는 공통점과 함께, 무엇보다도 불의한 현실에 대항한 '행동하는 지성'[36]이었다는 데에서 일치한다.

천관우는 자신의 墓碑에 '언론인이자 국사학자'라고 새기게 하였듯이, 그는 자타가 인정하는 '빼어난 언론인이자 역사가'였다는 면에서[37] 안재홍과 완전 동일하다. 안재홍이 항일독립운동에 이어, 8·15해방 후 조국재건을 위한 정치활동을 하였다면, 천관우는 박정희 정권의 反민주주의에 대항하여 민주화운동을 하였다. 시대의 조건은 달랐지만, 두 사람은 조국을 민주주의 국가로 진전시키려고 노력한 데에서도 일치한다. 이는 자신을 희생하여 국가사회에 헌신하는 일이었다.

천관우 스스로 "나는 政治에는 별 向念이 없이 살아 온 사람이지만, 그래도 직업이 新聞人이었던 까닭으로 의식 무의식 간에 現實問題의 언저리를 더러는 濃度 있게 걷기도 한, 말하자면 '擬似' 政治人이라고나 할 판국도 없지 않았던 것이 사실"[38]이었으므로, 8·15해방 후 정치인의 길을 직접 걸었던

34) 앞의 「民世 安在鴻 年譜」, 212쪽.
35) 정진석, 「후석 선생의 큰 발자취 : 언론인, 사학자, 민주화 투쟁의 거목」, 천관우 선생 추모문집간행위원회, 『巨人 천관우 -우리 시대의 '言官 史官'』(일조각, 2011.10), 37쪽.
36) 한영국, 「편집후기」(2007.1), 천관우, 『자료로 본 대한민국 건국사』(지식산업사, 2007.6), 404쪽.
37) 위와 같음.
38) 千寬宇, 「六十自叙」, 千寬宇先生還曆紀念 韓國史學論叢刊行會 編, 『千寬宇先生還曆紀念 韓國史學論叢』(正音文化社, 1985.12), 1079쪽.

안재홍과 유사하였다. 천관우는 박정희 정권의 탄압으로 신문사의 현직에서 물러나 있을 때 한국 고대사 연구에 몰입·정진하였고, 또 韓國通史를 저술하기를 소원[39]하였음도 안재홍과 너무 닮은꼴이다.

　천관우의 정신사를 형성한 첫 번째 스승은 육당 최남선이었다. 육당 최남선이 천관우에게 '韓國史와의 因緣'을 맺게 한 첫 번째 스승이었다면,[40] 안재홍은 천관우 정신사의 두 번째 스승으로서 한국사 연구의 방향뿐 아니라 삶의 궤를 좇아간 사표였다.[41] 천관우는 1949년 제출한 자신의 대학 졸업논문[42] 「磻溪柳馨遠 硏究 -實學 發生에서 본 李朝社會의 一斷面」이 안재홍에게서 영향 받았음을 기술하면서, 8·15해방 직전 자신과 안재홍의 만남을 여러 차례 '우연한 機緣'이라고 표현하였다. 그는 이때를 술회하는 글들에서 이를 매번 반복하였는데, '우연'과 '機緣'이라는 말을 조화시켜, 인간 저편에서 작동하는 어떤 힘을 은연중에 강조하였는지 모른다.

39) 천관우는 회갑을 맞아 쓴 「六十自叙」를 다음과 같이 끝맺었다. "요즘은 回甲이라면 이제부터 한창 일할 나이라는 것이 상식인데, 벌써 이런 回想이나 일삼고 있는 것은 그만큼 心弱해진 까닭일 것이다. 그러나 아직도 한 가지 조그만 欲望은 있다. 나도 이제는 韓國史通史를 하나 써 보고 싶은 것이다. 다만 나의 지금 健康으로 그것을 完結할 餘力이 있는지, 이제까지의 懶怠를 自歎하고 있는 중이기는 하지만" 앞의 「六十自叙」(1985.12), 1094쪽.

40) 千寬宇, 「나의 學問의 길」, 『西江타임즈』(1976) ; 千寬宇, 『千寬宇 散文選』(尋雪堂, 1991.12), 10쪽 ; 千寬宇, 「六十自叙」, 『문학사상』(1984.3) [위의 『千寬宇 散文選』, 130쪽] ; 앞의 「六十自叙」(1985.12), 1060쪽.

41) 세 번째의 스승은 李丙燾를 비롯한 孫晉泰·李仁榮·柳洪烈 등 서울대 교수들로 천관우에게 역사학 연구법에 눈을 뜨게 해 주었다. 千寬宇, 「머리말」, 『近世朝鮮史硏究』(一潮閣, 1979.4).

42) 천관우는 20세인 1944년 4월 京城帝國大學 豫科 文科乙類(인문계)에 입학하여, 1946년 7월 京城大學豫科를 수료한 뒤, 이 해 9월 國立서울大學校 文理科大學 史學科에 진학하였으며, 1949년 7월 국립서울대학교 사학과를 졸업하였다(제3회). 이후 1950년 6월까지 서울대 史學科 助手로 근무하였다. 「千寬宇 先生 年譜略」, 앞의 『千寬宇先生 還曆紀念 韓國史學論叢』, 1071쪽 ; 한영국, 앞의 「편집후기」, 404쪽.

(자료 C)

① 대학을 나올 때, 그 무렵 사학과는 졸업논문이 필수로 되어 있었다.
… 나는 비교적 수월하게 조선후기의 실학을 택했다. 해방 직전, 그러니까
대학예과 시절에, 우연한 기연으로 한두 달 동안 가까이 모신 일이 있는
安在鴻 선생에게서, 실학에 대한 단편의 몇 마디 귀동냥을 얻어둔 일이 있었
기 때문이다.[43]

② 이 處女作은, … 여기에 특히 두 분 선생의 尊啣을 記錄하여 다시금
그 恩功에 깊이 고개 숙이는 바이다. 恩師 李丙燾 선생께서는, … 또 한 분은
故 安在鴻 선생이시다. 내가 實學思想에 着眼을 하게 되기는 8·15 解放 직
전, 당시 蟄居中이던 선생을 비교적 자주 뵈올 우연한 機緣이 있어, 實學에
대하여 斷片的이나마 몇 가지 귀중한 示唆를 얻은 데서 비롯된 것이었다.[44]

③ 그 무렵의 사학과는 졸업반이 되자마자 곧 졸업논문을 준비하는 것이
보통이었다. … 나는 그저 수월하게 조선후기의 實學을 택했다. 해방 직전,
그러니까 대학 예과시절에, 우연한 機緣으로 비교적 자주 뵈온 일이 있는
安在鴻 선생에게서 실학에 대한 단편의 몇마디 귀동냥을 얻어둔 일이 있었
기 때문이다.[45]

④ 民世 선생은 내가 해방 직전 二十의 젊은 나이에 우연한 機緣으로 잠
시 가까이 모신 일이 있는 어른으로, 그 연유는 최근 다른 기회에 언급해
둔 바 있다(拙稿「六十自敍」). 그로부터 여러 해가 지난 一九七○년대에 유
가족의 부탁을 받고 民世集(選集 五册으로 刊行中)의 편집을 試圖하게 된
것은 그러한 舊緣 때문이었다.[46]

---

43) 앞의 「나의 學問의 길」, 10쪽.
44) 千寬宇,「머리말」,『近世朝鮮史研究』.
45) 앞의 「六十自叙」(1984.3), 132쪽.
46) 千寬宇,「著者 後記」(1986.7),『韓國近代史 散策』(正音文化社, 1986.12), 295쪽.

이처럼 천관우가 여러 차례 강조한 '우연한 기연'의 실상을 보면, 참으로 '기연'임을 절감케 한다. 그는 還曆을 맞아 쓴 「六十自叙」에서 자신의 졸업논 문을 다시 회고하면서, "해방 직전, 그러니까 大學豫科 시절에 우연한 機緣으 로 잠시 가까이 모신 일이 있는 安在鴻 선생에게서 實學에 대한 斷片의 귀동 냥을 얻어 둔 일이 있었기 때문이다."고 시작하며, 종전과 달리 이 '事緣'을 다음과 같이 소상하게 기술하였다.

(자료 D-1)

해방이 되던 해 일찍부터 나는 興南에 있던 軍需化學工場에 學徒勤勞動
員으로 가 있었는데,[47] 美空軍의 B-29폭격기가 連日 흥남 상공을 정찰하러
오는 어수선한 분위기가 몹시 불안해서 그해 6월 말께에 稱病을 하고 서울
로 되돌아 왔다. 아프다는 핑계가 먹혀 들어간 것이 참으로 다행이었다. 이
때 내가 서울서 본래 起居하던 일가집 6조(疊)房에 安在鴻선생이 한발 먼저
와 계셨던 것이다. 선생의 年譜를 보면, 이 무렵은 일본인들의 暗殺 위협으
로, 고향 平澤을 떠나 서울에서 이집 저집 避身을 다니던 중으로 되어 있다.
  선생에게는 잊지 못할 追憶이 하나 있다. 한번은 불쑥 "조선에도 固有의
哲學體系 있었을까요" 하고 주제넘은 質問을 했더니, 뜻밖에도 "아암, 있구
말구" 하는 自信 있는 대답이 떨어졌다, 뿐만 아니라 이튿날에는 "그 방면에
흥미가 있다면 대충 일러줄 테니 筆記道具를 준비해 두게" 하는 데까지 이야
기가 진전이 되었다. 이후 參考書籍도 없이 줄줄 이어져 나오는 口述을 받아
쓰기 하루 한두 시간씩, 한 열흘은 걸렸던 것 같다. 蟄居 생활과 監獄 생활을
오래 反復하는 동안에 읽고 생각하고 하면서 스스로 터득한 것이라고 했다.

---

47) 이 인용문 뒤에, 천관우는 자신이 學兵으로 징집당하지 않고 근로동원된 이유를 다음
과 같이 말하였다. "나는 본래 총 쏘기에 어울리지 않는 신체적 缺陷이 있어서, 학교
때 군사 교련에서 射擊 연습을 하면 엄청나게 빗나가는 점수가 나오곤 했다. 그래서
日本强占 말기의 일본군 徵兵 검사에서도 불합격, 몇 해 후 釜山 避難 시절의 한국군
充員 검사에서도 불합격이었던 것이다." 앞의 「六十自叙」(1985.12), 1684쪽.

하나는 하늘(天)이요, 둘은 들(野 - 地)이요, 셋은 씨앗(種)이요……(원문에 있는 줄임표임: 인용자) 하는 데서 시작되는 이 獨對의 講義는, 내가 理解를 하고 못하고 혹은 내가 共鳴을 하고 아니고는 둘째로, 어디서고 비슷한 이야기를 전혀 듣지 못했던 新奇로움과, 그것이 이분의 思索과 體驗을 통해 創出되었다는 한 人間의 무게가, 완전히 나를 壓倒했다, 이 講義와 同一한 줄거리가 해방 직후에 『신민족주의와 신민주주의』라는 小冊子의 一部分으로 活字化되고, 그것이 그대로 『안재홍 선집』 제2권에도 수록이 되어, 지금은 뜻만 있으면 누구라도 펼쳐 볼 수 있게 되어 있다,

나는 이 筆記 노우트를 보물처럼 간직하다가 6·25 난리통에 잃고 말았지만, 太平洋戰爭의 막바지, 당신께서 언제 어떻게 될지 모르는 狀況에서, 어쩌다가 만난 젊은 學徒 한사람에게나마 要領을 傳해 두면 혹시 줄거리라도 後日에 남을까 하는 悽絕한 配慮가 아니었을까. 여러 해 뒤에 나는 나대로 상상을 해 본 일도 있다,

선생은 그해 8월 10일께 홀연히 나의 6조 방을 떠나 가셨고, 그 며칠 뒤부터는 저 역사적인 轉換期라, 新聞에서나마 소식을 듣는 딴 세계의 분이 되어 있었다.[48]

위의 인용문을 보면, 천관우가 여러 차례 강조한 '우연한 기연'의 실상이 참으로 놀랍다. "安在鴻 선생의 示唆로 나는 實學을 당면한 硏究主題로 잡았다는 말대로, 천관우가 한국사 연구의 첫 주제를 선택한 계기는 안재홍에게 있었다. 천관우가 자신의 졸업논문을 가리켜, "이 處女作은, 그 뒤 나의 공부 題目이 차례로 方向을 잡는 契機가 된 것"[49]이라고 하였듯이, 천관우의 한국

---

48) 앞의 「六十自叙」(1985.12), 1082~1083쪽.
49) 千寬宇, 「머리말」, 『近世朝鮮史研究』. 천관우는 다른 곳에서도 "나의 연구 테마는 그 뒤 여러 가지로 바뀌었으나, 그것은 모두 졸업논문에서 새끼를 치고 가지가 뻗고 한 것"이라고 말하였다. 앞의 「六十自叙」(1984.3), 132~133쪽.

사 연구는 학부 졸업 논문에서 연원한 연장이었다. 이후에도 이 '기연'은 천관우 인생의 방향에 궤도로 작용하였고, 더욱 중요한 바는 천관우의 인생에 한정되지 않고, 한국사학계에 커다란 파장과 영향력으로 이어졌다는 사실이다.

천관우의 '첫 論考'인 「반계 유형원 연구」는 "본래 1949년에 제출했던 大學卒業論文"으로 "朝鮮後期 實學派의 '一祖'라고 불리는 柳馨遠의 政策論을 概括"한 내용이었다.[50] 이 논문은 이후 上·下로 나뉘어 『歷史學報』2輯(歷史學會, 1952년 11월), 9~84쪽과 『歷史學報』3輯(1953년 1월), 87~140쪽에 게재되었다. 지도교수 李丙燾도 "群鷄一鶴이란 말로 이를 칭찬"하였지만, 방대한 분량도 대작의 수준이지만, "創刊 초기의 ≪歷史學報≫에 게재되어 解放 후에 하나의 붐을 이루다시피 한 實學研究에 결정적인 영향력을 발휘하였다."[51]는 점에서, 이 논문은 韓國史學史에서 하나의 이정표가 되었다고 평할 만한 의의를 지녔다. 이렇게 천관우의 첫 논문은 해방 후 한국사학계에 실학 연구의 붐을 일으킨 개척 논문으로서 한국사학계의 處女作이기도 하였다. 1930년대에 안재홍이 조선후기 실학에 가졌던 학문상·실천상의 관심[52]은, 안재홍과 천관우의 '우연한 기연'을 통하여 8·15해방 후 역사학의 방법론으로써 실학 연구를 촉발시키는 계기로 작동하였다.

---

50) 千寬宇, 「머리말」, 『近世朝鮮史研究』.

51) 李基白, 「賀序」(1985.6), 앞의 『千寬宇先生還曆紀念 韓國史學論叢』, i~ii쪽 ; 한영국, 앞의 「편집후기」, 404쪽.

52) 안재홍은 1930년대 들어 정약용을 비롯한 실학자들에 관심을 가지면서 '조선학'의 개념을 정립하였고, 조선문화운동을 제창하며 先人들의 사상·문화를 祖述擴充하고자 하였다. 자세한 내용은 김인식, 「1930년대 안재홍의 '조선학'론」, 『韓國人物史研究』 제23호(한국인물사연구소, 2015.3)을 참조.

천관우가 안재홍의 저작을 한국 사회에 '유통'시킨 노고와 결실도 상술한 '기연'에서 발단하였다. 안재홍의 유가족이 두 사람의 '기연'을 알았는지 모르지만, 천관우는『選集』을 발간하는 일에 관여하였던 때를 감회 깊게 기술하였다.

    (자료 D-2)

    因緣이라는 것이 정말 있는 것일까. 오랜 세월이 흐른 뒤 遺家族의 부탁으로 내가『안재홍 선집』의 責任編輯을 맡게 되리라고는 생각지도 못한 일이었다. 큰 보따리로 여럿인 遺稿 뭉텅이는, 活字로 해서 열댓 권은 실히 될 듯했으나, 그중 상당 부분은 無記名의 新聞社說 등속이어서, 원고를 取捨整理해 5권 분량으로 다듬어 놓았고, 出版社의 全的인 好意로 그중 제1·2권이 현재까지 출간되어 있다. 이『선집』편집에 나로서는 전후 5년을 소비하여(물론 이 작업에만 매달린 것은 아니나), 정성은 다하노라 하였다.[53]

천관우의 말대로,『選集』발간도 안재홍과 천관우의 '기연'을 보여준다. 8·15해방 후 한국사학계의 實學 연구가 안재홍에게서 '시사'를 받은 천관우를 통하여 촉발되었듯이, 역으로 천관우의 노고가 담긴『選集』을 통하여 안재홍은 한국근현대사의 중심인물로 다시 부각되고 재해석되었다.

    (자료 D-2)에서 '전후 5년'이란, 1973년 안재홍의 저작물을 간행하려는 시도가 처음 있었던 때부터 起算하여, 1978년 知識産業社에서『選集』출간을 예정하기까지[54] 5년여 동안, 즉 그가 '책임편집'을 완료하는 과정과 시간을 말하는 듯하다. 천관우가 안재홍의 유족들에게서 '유고 뭉텅이'를 전해 받은

---

53) 앞의「六十自叙」(1985.12), 1083쪽.
54) (자료 G)를 참조.

정확한 연도를 명시하지는 않았지만, 아마 안재홍의 저작을 출간하려는 시도
가 최초로 있었던 1973년으로 추정된다.

『選集』을 출간하기에 앞서, 자료를 정리·교열하는 등 모든 작업은 천관우
가 담당하여 착수하였다. 그가 『選集』에 싣기 위하여 집필한 「民世 安在鴻
年譜」의 '1940, 경진(50세)'의 항목에서는 "▲ 이 해, 「불함철학대전(不咸哲學
大全), 일명 「불함도경대전(不咸道經大全)」 이룩됨"이라고 줄거리를 잡고,
다음과 같이 설명하였다.

(자료 E)
200자 약 80매의 이 저술 원고는 연보작성자(천관우 자신을 가리킴 : 인용
자)가 1973년에 일별(一瞥)하고 저술 연대·분량 등을 기록해 두었으나,
그 뒤 원고가 전전하는 가운데 현재는 행방을 알 수 없게 되었다. 내용은
민세의 이른바 〈조선철학〉(1944년 항 참조)과 대동소이한 것으로 기억된다
(연보작성자 주).55)

....

55) 앞의 「民世 安在鴻 年譜」, 235·237~238쪽. 자료를 소중히 여기는 역사학자가 원자료
의 행방을 알 수 없게 된 데에는, 자료가 전전한 향방을 말로써 표현하지 못할 사정이
있었음을 추측케 한다. 천관우는 「불함철학대전」이 大倧敎의 경전『삼일신고』를 주
해한 「三一神誥註」와 골자가 같았다고 기술하였는데, 이 말 속에서 자료의 행방을
암시한 듯하다. 「三一神誥註」는 안재홍이 1944년 3월에 작성하였으나 발표하지 않은
원고로『選集』4, 114~123쪽에 실려 있다. 『三一神誥』는 대종교의 경전이지만, 안재
홍의 주해는 대종교의 색채를 전혀 풍기지 않는다. 「三一神誥註」에서 안재홍이 '하
나'(一)·'둘'(二) 등의 '數'를 해석하는 방식은, 8·15해방 직후 저술한『新民族主義와
新民主主義』에서 '數의 哲理'를 풀어나가는 논지와 거의 같다. 이를 보면, 「불함철학
대전」은 안재홍의 신민족주의 사상이 농익어 가는 과정을 확인할 중요한 자료인데,
현재 행방을 알 수 없어 안타깝다. 그런데 (자료 G)를 보면, 행방을 알 수 없게 된
자료는 「불함철학대전」뿐만 아니라 「老子道德經贊」도 있었다. 이 문제는 뒤에 다시
언급하기로 한다.

천관우가 1973년에 「불함철학대전」을 '일별'한 이유는 안재홍의 저작물을 출간할 목적 때문이었다. 이는 安浩相이 1973년 안재홍의 저작물을 출간할 의욕을 보였던 무렵과 일치한다. 안호상은 『選集』의 「간행사」에서 다음과 같이 저간의 사정을 술회하였다.

(자료 F)

그 정신의 맥박이 굽이치는 책자의 발간을 염원해 온 나는, 一九七三년부터 이 일에 관여하였다. 전집이 되든 선집이 되든, 민세 선생 저작물을 간행하기 시작하면, 그 반응 여하에 따라 언젠가 완간되는 밝은 날이 올 것으로 기대하면서 평소 존앙해 온 선생의 유고를 대하였던 것이다.

그러던 무렵, 나는 대한합성화학 공업주식회사 안재호(安在祜) 사장의 후의를 입기로 언약을 받아, 용기백배하여 민세 선생의 사론집부터 편찬하는 산파역으로 나설 수 있었다. 안재호씨는 제주 태생으로, 일본의 합성수지공업계에서 굴지의 대사업가요, 조국의 경제 발전에도 크게 공헌하고 있는 인사이다. 그 후, 최상수(崔常壽)씨와 민세 선생 유족 안혜초(安惠初) 여사 등의 노고에도 불구하고, 사업은 쉽사리 결실을 보지 못하다가, 결국 이번에, 지식산업사(知識産業社)의 영리를 초월한 문화적 양식의 결정으로 비로소 빛을 보기에 이른 것이다.[56]

56) 안호상, 앞의 「간행사」, 『選集』 1. 古堂 안재호(1915.1.23~1994.3.24)는 順興安氏 28세 손으로 제주도 남제주군(현 서귀포 시) 表善面 加時里에서 출생하여 일본으로 건너가 기업 활동을 한 在日 제주인 기업가였다. 그는 일본에서 有機化學공업 등 5개 기업을 운영하면서 1967년 대한합성화학공업을 설립하여 한국의 화학공업의 기초를 다진, 또 축적한 부의 일부를 사회에 환원하는 경영자윤리를 몸소 행동으로 보여준 기업가로 평가받는다. 그는 고향인 제주에 깊은 애정을 보여, 교육환경의 개선을 위해 부동산(학교 부지)을 기증하고, 시설(교사) 건축, 비품(도서·악기류·시청각 교재 등), 기금·운영비 등을 지원하는 등 많은 기부를 하였다. 姜龍三·李京洙 編著, 「第109章 在日實業界의 巨星 安在祜」, 『大河實錄 濟州百年』(泰光文化社, 1984.11), 1340~1342쪽 ; 고광명, 「재일(在日)제주인 기업가 古堂 安在祜 연구」, 『日本近代學研究』 第34輯(韓

안호상이 자임한 '산파역'은 결실을 거두지 못했지만, 천관우는 안재홍의 저작물을 간행하려는 의지를 포기하지 않았고, 안재홍의 年譜를 작성하여 『創作과 批評』(1978년 12월호)에 발표하였다.[57]

천관우는 이 年譜의 형식을 설명하면서 "옛날 文集 같은 데서 보는 傳統的인 年譜 형식을 일부러 채택해 본 것은, 그러한 형식이 갖고 있는 長點을 다시 再現시켜 보는 데도 뜻이 있다고 생각했기 때문이다."라고 밝혔다.[58] 안재홍 연구가 진척된 오늘날, 이 年譜는 수정할 곳이 여러 군데 보이지만, 안재홍 연구의 물꼬를 튼 勞作의 의미를 지닌 채 아직도 1차 자료의 구실을 하고 있다. 천관우는 서문에 해당하는 '연보작성자 小序'에서 "이 연보는, 현재 편찬 작업이 진행 중에 있는 『안재홍 선집』(전 5권 예정, 편찬위원회 대표 안호상〈安浩相〉)에 부록하기 위하여 작성해 두었던 것입니다"고 기술하였다. 그런데 뒤에 살펴보겠지만, 1977년 말이면 곧바로 인쇄에 들어갈 수 있을 정도로 편찬 작업이 완료되었는데, 1년이 지난 시점에서 천관우가 아직도 '진행 중'이라는 말을 하고 있음을 보면 이 사이에 또 무슨 사정이 생겨났다. 천관우가 안재홍의 年譜를 발표하는 시점까지 『選集』은 아직 上梓되지 않은

國日本近代學會, 2011. 11)을 참조. 1962~1987년 사이 안재호의 기부 내역을 조사한 한 연구에 따르면, 안재호는 1973~1976년 사이에도 꾸준히 기부 활동을 하였고, 특히 1975년에는 가시리~제동목장간 도로포장을 위해 무려 3천만 원을 기부하였고, 1976년에도 '독립지사 및 김만덕 기념사업'에 8십만 원을 비롯하여 모두 4차례에 걸쳐 790만 원을 기부하였다. 그런데 1977년부터 1983년까지 기부 활동이 보이지 않다가, 1984년 '제13회 전국소년체전 성금'으로 7천만 원의 거액을 기부하였다. 고광명, 「위의 논문」, 270~271쪽의 '〈표 5〉 고당 안재호의 기증실적 내역'을 참조. 이를 보면, 1977~1983년 사이에 사정이 생겼음을 짐작케 하고, 이것이 안재홍의 저작물 간행에도 어떤 영향을 미쳤으리라 추측한다.

57) 천관우는 「民世 安在鴻 年譜」에 이어 『選集』1의 「解題」(一)을 쓰면서 안재홍 연구의 길을 텄다. 千寬宇, 「解題」(一), 『選集』1, 1~21쪽.

58) 앞의 「著者 後記」(1986.7), 295~296쪽.

상태였으며, 천관우는 안재홍의 저작물을 출간하겠다는 의지를 중단하지 않
고 동 연보를 발표하였다. 그는 '연보작성자 小序'에서 "여기에 사용된 자료
의 상당 부분은, 유가족이 그 동안 고이 지켜온 유고보존철(遺稿保存綴)에서
추린 것입니다. 아직 미흡한 부분이 적지 않을 것입니다. 누락 혹은 착오된
부분을 발견하신 독자 제현의 통보가 있는 대로, 보충 혹은 수정을 서슴지
않으려 합니다."고 제안하면서, 『選集』 발간에 대한 관심을 촉구하였다.

천관우가 『選集』의 책임편집을 맡아 추진하던 무렵은 그에게 꽤나 힘든
시기였다. 그는 동아일보사에 재직 중이던 1972년 4월 19일 民主守護國民協
議會를 창립하고 공동대표의 한 사람으로 피선[59]되면서 민주화운동의 길로
들어섰다. 이해 12월 6일 대통령 박정희가 國家非常事態를 선포한 후, 천관
우는 동아일보사에서 두 번째로 강제 퇴사당하였고[60] 이번에는 완전히 쫓겨
나 동아일보사로 복직하지 못하였다.[61] 그가 해직 당한 후 그의 집에는 기관
원이 상주하다시피 하였으며, 그에게도 늘 감시가 따랐고, 심할 때에는 외출
을 금지하거나 방문객의 출입도 제한하는 등 가택연금 상태에 놓이기도 하
였다.[62]

---

[59] 창립 대표위원은 천관우·金在俊·李丙璘이었는데, 뒤에 咸錫憲·法頂도 공동대표가
되었다.

[60] 첫 번째 퇴사는 1968년 일어난 『新東亞』 필화사건' 때문이었다. 이때 천관우는 『신동
아』의 주간이 아니라 『東亞日報』의 주필이었는데, 중앙정보부는 천관우를 신문사에
서 물러나도록 동아일보사에 압력을 가하였다. 그가 복직한 때는 3선개헌이 끝난
후인 1970년 2월이었으며, 이후 상근 이사로서 『東亞日報社史』 편찬을 담당하였다.

[61] 천관우는 유신정권이 무너진 1981년에야 한국일보사 고문으로 언론계에 복귀하였다.

[62] 천관우는 이때의 상황을 다음과 같이 회고하였다. "내가 新聞記者를 이른바 他意로
그만 두고 자칭 著述業으로 접어든 것은 1972년, 비교적 平坦했던 과거에 비하면 그
뒤의 10년간은 일종의 逆境이라 할 수 있었다. 日常的인 監視, 때로는 여러 날 나의
외출은 물론이요 찾아오는 이들의 출입도 금하는 軟禁, 걸핏하면 오너라 가거라 하는
連行 … 이런 것들이 同伴했던 시절이다." 앞의 「六十自叙」(1985.12), 1089쪽.

천관우는 이렇게 10년을 칩거하면서 자신의 표현대로 '著述業'에 종사하였다.[63] 이때 그는 한국고대사를 중심으로 연구에 매진하는 한편,[64] 『丹齋申采浩全集』을 교열하였고(1977년), 『民世安在鴻選集』 발간을 위한 작업(자료 정리와 교열 · 편집)을 꾸준히 진행하였다. 그러다 정돈 상태에 빠진 『選集』 발간 사업을 다시 촉진하기 위하여 「民世 安在鴻 年譜」(1978 겨울)를 집필하여 당시 영향력 있었던 잡지 『創作과 批評』에 발표하였다.[65]

이상에서 보았듯이, 안재홍의 저작물을 출간하려던 사업이 안호상을 중심으로 1973년에 시도되었고 언제인가 정돈 상태에 빠졌으나, 천관우는 의욕을 버리지 않고 출간을 위한 작업을 꾸준히 진행하였다. 1973년 안재홍의 저작물을 간행하려던 의욕의 범위가 '전집'이었는지 '선집'의 형태였는지, 또 이때 간행위원회(또는 편찬위원회)가 구성되었는지, 만약 구성되었다면 천관우가 실무를 맡아 『選集』을 출간하려 할 때 이 위원회가 다소 변경되어 연장되었는지 등등은 정확하게 확인할 수 없다. 이와 관련하여, 전모를 드러내지는 않지만, 1977년 11월 15일 '刊行委員(實務)千寬宇'의 명의로 徐廷柱 등에게 보낸 서한은 저간의 사정을 다소나마 추측할 수 있는 귀중한 자료이다.

....

63) 천관우는 이때의 자신의 상황을 다음과 같이 기술하였다. "그러나 다음에는 國家非常事態 宣言이라는 또 다른 바람이 불어와 동아일보를 再次 그만두게 되고, 그로부터 다시 10년간을 집에서 칩거를 해야 했다. 그때나 지금이나 '蟄居'라는 말이 어쩐지 탐탁치 않아 '著述業'을 한다고도 했다." 앞의 「六十自叙」(1985.12), 1086쪽.

64) 천관우의 고대사 연구의 성과는, 문창로, 「千寬宇(1925~1991)의 史學과 古代史硏究」, 『韓國古代史硏究』 53(한국고대사학회, 2009.3)을 참조.

65) 이상에서 '신동아 필화사건'을 비롯하여, 천관우의 10년 동안의 칩거 생활은 다음을 참조하였다. 앞의 「千寬宇 先生 年譜略」, 1074~1077쪽 ; 정진석, 앞의 「후석 선생의 큰 발자취」, 68-87쪽 ; 정진석, 「천관우, 국사의 풍모 지닌 언론인, 사학자, 민주화운동가」, 한국사 시민강좌 편집부, 『한국사 시민강좌』 제50집(일조각, 2012.2), 177~178쪽 ; 민현구, 「천관우」, 『한국사 시민강좌』 제49집(2011.8), 177~218쪽.

(자료 G)

徐廷柱 先生 座下

高堂의 萬福을 비옵니다.

民世 安在鴻 先生의 遺家族으로부터 委囑을 받아 生이 지난 九月부터
〈安在鴻選集〉의 編輯實務를 맡아오고 있습니다.

… 〈選集〉 全五卷의 原稿 約一萬枚의 第一次整理가 十一月十五日로써
대체로 完結되어, 明年初부터 知識産業社에서 順次로 刊行될 豫定이온바,
〈選集〉의 編次는

　　…

로 대략 大分하옵고, 그 詳細는 別紙로 알려드리오니, 添加·削除 혹은 修正
을 要하는 事項은 十一月末일까지 通知하여주시옵기를 仰望하옵니다.

各卷刊行까지에는, 刊行委員會代表이신 安浩相선생과 任重彬委員의 最
終檢討를 거칠 것이오나, … 委囑한 刊行委員會의 名單은 아래와 같습니다
(敬稱略, 年歲順)

　　○安浩相(代表)　李仁　∨李昇馥　∨李熙昇　∨李寬求

　柳光烈　∨朴順天　∨李殷相　<u>崔恩喜</u>[66]　李瑄根

　∨金乙漢　朴在昌　<u>∨徐廷柱</u>　宋志英　○安京模

　<u>×崔常壽</u>　×方一榮　千寬宇　任重彬　　安惠初

　　…

(四) 左記 二種의 草稿를 혹시 刊行委員 中 어느 분께서 保管하고 계시거
던 알려주시옵기 바랍니다.

　① 「不咸哲學大全」(未公開, 二○○字 약 八○枚)

　② 「老子道德經贊」(未公開, 二○○字 약 三○枚) (鄭寅普 序가 있음)

一九七七年 十一月 十五日

刊行委員(實務) 千寬宇 謹白[67]

....

[66] 본문의 밑줄 표시는 본래 인명 가운데에 선을 그었는데, 편의상 밑줄로 표시하였다.

(자료 D)~(자료 H)를 종합하여 일단 확인할 수 있는 사항은 다음과 같다.

첫째, 안재홍의 유가족이 안호상·천관우 등에게 안재홍의 '유고 뭉텅이'를 보이며, 안재홍의 저작물 간행을 부탁함으로써 편찬사업이 처음 추진되기 시작한 때는 1973년이었다(자료 E·F). 이때 유족들에게 위촉을 받은 안호상 또는 천관우 등 책임 있는 사람이 사업을 추진하기 위하여 몇몇 사람들에게 '유고 뭉텅이'를 돌려보도록 하였으리라 추정한다. (자료 G)에 보이는 날짜들, 천관우가 안재홍의 유족들에게서 '위촉'을 받은 1977년 9월부터 서신을 발송하는 동년 11월 15일 사이, 즉 두 달 정도의 시간 동안, 천관우을 비롯하여 편집위원으로 위촉된 몇몇 사람들이 방대한 '유고 뭉텅이'를 돌려가며 一讀하기에는 무리가 따른다. 그렇다면 1977년경 '간행위원'으로 위촉된 사람들 가운데 일부가, 안재홍의 저작물을 간행하기로 시도한 1973년 무렵 이후 동일한 자격으로 이 일에 관계하며 '유고 뭉텅이'를 輪示하였다. 이 과정에서 앞서 언급한 두 원고가 행방을 알 수 없게 되었고, 이에 천관우가 1977년경 선정된 편집위원들에게 원고의 行處를 묻게 된 까닭이다.

둘째, 1973년 무렵 천관우도 이 사업에 실무를 맡아 참여하면서, 이때부터 '유고 뭉텅이'를 '一瞥하고 "저술 연대·분량 등을 기록"해 두는 등 편집실무를 사실상 도맡아 '책임편집'을 수행하였다. 이 작업이 1977년 11월 15일부로

---

67) 刊行委員(實務) 千寬宇, 「徐廷柱 先生 座下」(1977.11.15, 고려대학교박물관소장 본), A(1)~A(2). 이 서신은 B4 정도에 해당하는 용지에 세로 글씨로 우측에서 좌측으로 써 내려갔으며, 우측 하단에 -A(1)-, -F(4)- 등으로 쪽수를 매겼다. 수신자인 徐廷柱의 이름을 본문의 글씨체보다 다소 크고 진하게 표기했음을 보면, 또 본문에서 간행위원들에게 일부 원고의 '보관' 여부를 묻는 내용을 보아서는 간행위원으로 선정된 인사들에게 동일한 내용을 발송하였으리라 추측한다. 위의 서한 뒤에는 「〈安在鴻 選集〉(全五卷) 目次案」이 모두 24장 첨부되었다. 제1권에 실을 목차를 B(1)~B(9), 제2권은 C(1)~C(6), 제3권은 D, 제4권은 E(1)~E(4), 제5권은 F(1)~F(4)에 적었는데, 이 목차는 간행된 『選集』과 거의 동일하다.

일단락되어 旣선정된 '간행위원'들에게 협조의 서신을 발송하게 되었다. 그가 1973년에 「불함철학대전」을 '一瞥'한 이유도 편찬 작업의 일환이었다. (자료 G)에 보이는 날짜들, 천관우가 안재홍의 유족들에게서 '위촉'을 받은 1977년 9월부터 서신을 발송하는 동년 11월 15일 사이, 즉 두 달 정도의 시간 동안, 천관우 혼자서 방대한 '유고 뭉텅이'를 一讀하는 데에서 더 나아가, 이를 취사·정리하고 분류하여 편집까지 완료하기에는 너무 짧은 시간이다. 분실된 원고의 내용까지 기억하는 정도의 편찬 작업은, 천관우의 능력과 열정을 최대치로 고려한다 하더라도 꽤나 시간이 소요되었음에 틀림없다. (자료 D)에서 보이는, "전후 5년을 소비"하였다는 술회는 이러한 사정을 가리킨다.

셋째, 그러면 (자료 G)에 보이는 '유가족으로부터 위촉' 운운은 무슨 의미인가. (자료 F)에서 보듯이, 1973년 안호상이 추진하였던 안재홍 저작물 간행 사업이 결실을 거두지 못하자, 1977년 9월을 전후하여 안재홍의 유가족은 천관우에게 이를 다시 간촉하였으리라 추정한다. 이에 천관우는 '선집' 형태로라도 발간하기로 마음을 굳히고 편찬 작업에 박차를 가하였다. 그는 다시 간행위원회를 구성하는 한편,[68] '유고 뭉텅이'를 분류하는 작업을 일단락하

---

[68] 박한용에 따르면, 1973년에 출발하였던 『選集』 편집 작업이 지체되어서, "1978년이 되어서야 안호상, 이은상, 방일영, 이인, 이선근, 천관우, 이희승, 김을한, 이문원, 이관구, 송지영, 임중빈, 유광렬, 안경모, 윤병석, 안혜초(민세의 손녀) 등으로 '안재홍선집간행위원회'가 구성되었다. 그 뒤 ≪선집≫ 간행 작업은 유족 측인 안혜초, 역사학자인 고(故) 천관우 선생이 주도적으로 진행하였다." 박한용, 앞의 「≪민세안재홍선집≫ 제6·7권 해제를 대신해」, 『選集』 6, 2005, 522쪽. 그런데 박한용은 1977년 9월 이후의 상황을 언급하지 않았다. 추측건대 (자료 G)에 보이는 명단 전체는 1973년부터 추진되었던 간행 사업에 위촉된 간행위원들이며, ○·∨·× 등의 표시에는 이전의 간행위원들을 중심으로 1977년 무렵 간행위원회를 다시 구성하려는 천관우의 구상이 담겨 있었다고 생각한다. 천관우가 서신을 발송하는 1977년 11월 15일에는 간행위원회 구성이 완결되지는 않았으나 일단락되었으며, 이후 1978년 겨울 이후 『選集』

여 200자 원고지로 약 1만 매 정도에 해당하는 분량을 '선집'하고 編次의 구도
까지 완료하였다. 이 시점이 서정주를 비롯한 간행위원들에게 편지를 띄우
는 1977년 11월 15일이었다. 이때 천관우는 지식산업사를 염두에 두면서 1978
년 초부터 순차로 간행할 계획을 세웠다.[69] 여기서 '염두'라고 표현한 이유는
(자료 H)에서 보듯이, 천관우가 김경희에게『선집』간행을 부탁한 때는 '1979
년 늦여름'이었기 때문이다. 다시 추측건대, 1978년 초부터 순차 발간하기로
하였던 계획에 또 차질이 생겨 1978년 겨울까지도 진척이 없자, 천관우는
「민세 안재홍 연보」를 발표하여 세간의 관심을 촉구하는 한편, '1979년 늦여
름' 후배이자 제자인 김경희에게 출판을 "간곡히 권하"였다. 안호상이『選集』
1권의「간행사」를 쓴 때가 1978년 겨울인데,[70] 이는 천관우가 「민세 안재홍

간행에 속도를 내면서 간행위원회를 재구성하였으리라 축측한다. 1981년 6월 30일
발행된『選集』제1권의 卷頭에 명기된 '安在鴻選集刊行委員會 編輯委員'은 대표 安浩
相을 비롯하여 李仁 李熙昇 李寬求 柳光烈 李殷相 李瑄根 金乙漢 宋志英 安京模 方一
榮 千寬宇 李文遠 任重彬 安惠初(이상 年齡順임)였다. (자료 G)에 나타난 명단 가운
데, 이승복·박순천·최은희·박재창·최상수는 박한용이 열거한 명단과『選集』1권
에 명기된 명단에도 없다. 대신 이승복의 二男 李文遠이 눈에 띄는데, 이는 안재홍의
동지로서 莫逆之間인 李昇馥이 1978년 10월 31일 별세하였으므로 부친을 대신한 위
촉이었다고 생각한다. 박한용이 언급한 윤병석은『選集』1·2권에서도 간행위원 명
단에 없으며, 1991년 12월 30일 발행된『選集』3권에서 처음 간행위원 명단에 올랐다.
이때는 천관우가 이미 타계한 뒤 간행위원들도 대체로 천관우의 후배 연배들로 바뀌
었다.
[69] 천관우는 '유고 뭉텅이'를 분류하는 작업을 일단락한 뒤, 任重彬이 수집할 '補完資料
(新聞·雜誌에서 蒐集中)'를 첨가하여, 여기에 '해제'·'편집자 註'를 덧붙이는 차후의
과제를 진행하여 1978년 초에는『選集』1권을 발행하려 하였다. 위의 (자료 G)에는
인용하지 않았지만, 서정주에게 보낸 서한에 제1권에 실을 글의 편수까지 자세히 언
급했음을 보면 이를 짐작할 수 있다.
[70] '1978년 겨울'을 1978년 12월 말로 잡더라도,『選集』1권보다 2년 6개월이나 앞서 간행
사를 썼음이 특이하다. 아마 천관우가 「민세 안재홍 연보」를 작성할 무렵을 전후하
여,『選集』발간의 의지를 구체화한 뒤 안호상에게 간행사를 의뢰하지 않았을까 추측
해 본다. 뒤에 보겠지만, 천관우가 김경희에게『選集』간행을 부탁한 때는 1979년
늦여름이었다.

연보」를 발표한 시기와 일치한다. 이 무렵 천관우는『選集』을 발간하기 위하여 무던 애를 쓰고 있었다고 생각한다. 1978년 겨울에 「간행사」까지 완결시킨 뒤 출간을 진척시키려 하였으나 이 또한 여의치 않았는지, 천관우는 1979년 늦여름에야 지식산업사에 출판을 의뢰했다.

이상에서 보았듯이, 1977년 말에는『選集』의 編次를 비롯하여 편집이 거의 완료되었다.[71] 이렇게『選集』전5권은 천관우 홀로 오롯한 책임편집자였다.[72] 그는 자료의 출전을 일일이 밝힌 뒤 꼼꼼한 해제를 곁들였고, 자료

....

[71] 천관우는 「民世 安在鴻 年譜」를 가리켜『選集』의 "中間報告를 겸해 집필한 것"이라고 회고하였는데 [앞의 「著者 後記」(1986.7), 295~296쪽], 여기서 '중간보고'라는 말은『選集』1권이 간행되었을 경우를 가정하고 작성하였다는 뜻으로 보인다. 그가 1977년 말『選集』전5권의 편집을 거의 완료하였고, 예정한 대로 1978년 초에 제1권이 간행되었다면, 1978년 중후반 또는 1979년에 순차로 제2권을 발간하면서 동 年譜를 세간에 발표한다면 이는 의도하였던 '중간보고'가 된다. 그러나 1978년 겨울까지『選集』은 上梓조차 하지 못하였으므로, 이 年譜는 안재홍에 대한 관심을 촉구하는 글이 되었다.

[72] 앞서 언급한 「解題」(一)은『選集』제1권에 실린 식민지시기 발표한 논설들을 대상으로 작성하였다. 글의 말미 〈附記〉에서는 "≪선집≫ 각권에 分載하는 이 「解題」는, 제五권에 수록할 「年譜」와 서로 對照하면서 읽어주기를 바란다."고 적었다. 애초 구도와는 달리 「民世 安在鴻 年譜」는 1992년 9월 발행된『選集』4권에 실렸고, 3·4·5권에는 각 권에 게재된 글들을 총괄하여 설명하는 「解題」를 싣지 않았다. 여기에는 몇 가지 사정이 있었으리라 추측되며, 좀 더 살펴보아야 할 문제가 남아 있다. 그런데 앞서 본 1978년 겨울에 쓴 안호상의 「간행사」에는 "≪안재홍선집≫은 전五권은, 제一권과 제二권에 논설을 수록했고, 제三권과 제四권에 역사와 신문론을, 제五에 수상과 기행의 글들을 집성한 내용으로 엮어져 있다. 각권의 권두와 말미에는 민세 선생 추모기, 연보, 해제를 게재하기도 하였다. 선생의 인간됨과 그 세계를 이해하는 길잡이가 되었으면 하는 중론의 반영임을 밝히고자 한다."고 기술하였다. 위의 인용한 「간행사」를 보면, 1978년 겨울에『選集』전5권의 편차까지 확정되었음을 확인할 수 있는데, 천관우가 1977년 11월 15일자로 간행위원들에게 24장 분량의 '目次案'을 포함한 서신을 보낸 데에서 확인되듯이, 이는 이미 1977년 11월에 완료된 작업이었다. 1981년 6월 초판이 발행된『選集』1의 「凡例」에는『選集』全五卷의 '編次'까지 소개하였고, 천관우의 사후에 발간된『選集』들도 이 편차에 따라 편집되었다. 이를 보면, 『選集』제1권이 발간되기 전에, 천관우는『選集』에 실을 원고들의 정리·교열 등을

가운데 출전을 알 수 없는 경우는 출처를 찾아 밝혔으며, 주요한 글은 말미에 '編者註'라 하여 따로 註記를 달았다. 천관우의 이러한 '애정어린 노고[73]'야말로 긴 시간이 걸린 끝에 마침내 『選集』 전5권을 완간케 한 功力이었다.

V. 김경희 사장의 사명감과 책임출판

안재홍의 저작물을 간행하려던 일이 1973년 처음 추진되었으나 정돈 상태에 빠졌고, 1977년 9월을 전후하여 『選集』을 발간하기 위한 간행위원회가 다시 구성되었으나 진척이 없자, 1979년 늦여름 천관우는 지식산업사 사장 김경희에게 '간곡히 권'해 『選集』 간행을 실현시켰다. 김경희는 당시의 사정을 다음과 같이 회고하였다.

(자료 H)
선생(천관우를 가리킴 : 인용자)이 아주 어려운 시기였던 1979년 늦여름, 댁으로 찾아뵙고 "출간할 수 있는 원고를 주십사"고 말씀드렸더니, "사실은 전 국민이 쉽게 읽을 수 있는 '한국사'를 쓰려고 하는데, 내 책은 천천히 하고, 우선 급한 원고가 있다"며 민세 선집 문제를 꺼내시는 것이었다. 한 선배 출판인이 간행하기로 했던 것이 어떤 사정으로 못하게 되었다면서 간곡히 권하시는 것이었다. 우러르는 민세 선생의 선집을 내고 싶기는 하지만 도저

이미 마친 상태에서 『선집』 전5권의 편집 체제까지 확정하였다. 이렇게 『選集』 전5권은 천관우가 모든 편집을 홀로 완성하였다. 김경희도 "착수한 지 2년이 지난 1981년 여름에 첫째 책이 나온 이 선집은, 글자 그대로 오로지 선생(천관우를 가리킴 : 인용자)의 '책임편집'이었다."고 단언하였다. 金京熙, 「위암 선생, 민세 선생, 후석 선생」, 앞의 『巨人 천관우』, 360~362쪽 ; 앞의 「지식산업사 김경희 사장과 인터뷰」.
73) 박한용, 「앞의 글」, 529쪽.

히 한 번에 할 수 있는 제 힘이 자라지 못하므로 완곡히 사양했으나, "1년에 한 권씩이라도 하자"는 말씀에 어쩔 수 없이 떠맡게 된 것이다.[74]

김경희는 "모진 권력 앞에 그 즐기시던 소주나 담배마저 줄이다가 오죽하면 새카만 후학"인 자신에게 신변의 이야기까지 꺼냈던 그 날을 생생하게 기억하면서, 천관우가 『選集』출간을 당부한 때를, "그 무렵 좀 더 정확히 말하면 1979년 한 여름의 어느 날이었다."고 다시 강조하였다.[75] '급한 원고'

....

[74] 金京熙, 「앞의 글」, 『巨人 천관우』, 360~362쪽.

[75] 필자가 이 원고의 교정을 보는 무렵(2016년 12월 초), 「민세 안재홍 선집 간행기」 (2000.3.1. 지식산업사 대표 김경희 씀)를 보게 되었다[김경희의 글은 「독립운동가 민세 안재홍선생 35주기 추도식(팸플릿)」(일시 : 2000년 3월 1일 (수) 오후 2시, 장소 : 평택시 고덕면 두릉2리 민세 안재홍 생가, 주최 : 민세 안재홍 선생 기념사업회 준비위원회)의 순서 가운데 '민세 선집 발간경과 보고'로 작성되었다. 이 글은 본서에 실리는 황우갑의 원고에 전문이 실려 있으므로 참고 바람]. 위의 「민세 안재홍 선집 간행기」에서 김경희는 "제가 선생님의 선집 간행을 부탁받은 것은 1977년 여름 천관우 선생님 댁에서였습니다. 천관우 선생님의 말씀이 우리나라 굴지의 명문출판사에서 몇 년 전에 선집을 내기로 하였으나 뜻하지 않은 일로 선집 간행이 어려우니 맡아 간행해 주지 않겠느냐는 말씀이셨습니다."고 썼다. 여기서 '1977년 여름'은 앞서 인용한 (자료 H)에 보이는 '1979년 늦여름'이라는 기술과 엇갈린다. 그럼 이를 어떻게 보아야 할까. '1977년 여름'이 기억의 착오 또는 오자인가, 아니면 '1977년 여름'에 안재홍에게 부탁을 처음 받았다가 '1979년 한 여름'에 재차 간곡하게 부탁을 받았는가. 여러 가지로 생각할 수 있다. 천관우가 1977년 11월 15일에 작성한 편지인 (자료 G)에서 "明年初(1978년 초 : 인용자)부터 知識産業社에서 順次로 刊行될 豫定이온바, …" 라는 대목을 보면, 김경희가 천관우에게서 『選集』발간을 처음 부탁받은 때를 '1977년 여름'으로 볼 수도 있다. (자료 A)에서 보았듯이, 안호상이 1978년 겨울에 발간사를 쓰면서 지식산업사를 언급하였음을 보면 한층 더 그러한 듯하다. 그런데 1978년 겨울까지도 지식산업사는 『選集』발간 작업에 착수하지 않았다. 지식산업사가 1977년 여름 이후 이 작업에 착수하였다면 제1권이 발행되기까지 4년이 경과하였는데, 이는 '착수한 지 2년'이 지나 『選集』이 발간되었다는 회고와는 큰 차이가 난다. 앞서도 인용한 바 있는 "착수한 지 2년이 지난 1981년 여름에 첫째 책이 나온 이 선집은…"이라는 기술에 따르면, 지식산업사가 『選集』발간에 본격 착수한 때는 1979년 여름 이후였음이 확실하다. 金京熙, 「앞의 글」(2011. 10)에서 '1979년 여름'을 '늦여름' · '한 여름'으로 두 차례나 언급하였던 데에서도 지식산업사가 『選集』발간에 착수한 시기는

라 함은 출간되기로 했던 안재홍의 저작물이 어떠한 사정으로 보류되었으므
로, 반드시 발간되어야 한다는 다급한 마음을 담으면서, 편집 작업의 정도가
출판 직전의 상태까지 진전되었음을 말해 주는 표현이었다. 천관우는 김경
희에게 "민세 전집으로 하면 15권도 되는데, 선집으로 조금씩. 한 권씩이라도
하자."고 권했고, 서울대 사학과 후배이자 제자인 김경희는 『選集』 발간에
착수하였다.[76)

김경희가 1979년 늦여름에 천관우를 찾아간 이유는, 정권의 탄압으로 어려
움에 처한 스승에게 출판을 통하여 경제상의 도움이라도 드리고자 함이었으
나, 오히려 『選集』을 출간하자는 부탁을 받았다. 이후 지식산업사가 『選集』
전5권을 간행하기까지 20여 년이 걸렸고, 8권까지 발행하는 데에는 무려 28
년의 시간이 흘렀다. 여기에는 여러 가지 사정이 겹쳤는데, 이러한 어려움
속에서도 소기한 대로 『選集』을 완간할 수 있었던 이면에는, 김경희의 功力
이 크게 자리잡고 있었다. 『選集』 제1권의 출간을 앞두고, 안호상이 "영리를
초월한 문화적 양심의 결정으로 비로소 빛을 보기에 이른 것이다."[77)라고
표현한 바는, 찬사를 위한 과장법이 결코 아니었다.

『選集』 전8권이 발간된 순서(발간일은 초판 발행일임)를 정리하면 발간
과정에서 우여곡절이 있었음을 짐작하기는 어렵지 않다.

....

1979년 여름 이후였음을 확인할 수 있다. 위의 「민세 안재홍 선집 간행기」는 연월을
기술할 때 몇 군데에서 기억에 착오를 보였는데, '1977년 여름'도 그할 수 있다. 뒤에
다시 서술할 내용을 하나 예로 들면, "…그런지(김부례가 지식산업사에서 민세의 원
고를 되찾아간 일을 가리킴 : 인용자) 몇 해가 흘러 실제로 책임 편집을 맡으신 천관
우 선생도 타계하셨습니다. 1988년 여름 어느 날 김부례 여사가 원고 보퉁이를 다시
가져오셔서…"라는 서술은 시간상의 관계가 다소 어색하다. 천관우가 타계한 때는
1991년 1월 15일이었다.

76) 앞의 「지식산업사 김경희 사장과 인터뷰」.

77) (자료 F)를 참조.

(자료 H-1)

1. 安在鴻選集刊行委員會 編,『民世安在鴻選集』1(知識産業社, 1981.6.30)

2. 安在鴻選集刊行委員會 編,『民世安在鴻選集』2(知識産業社, 1983.2.10)

3. 安在鴻選集刊行委員會 編,『民世安在鴻選集』3(知識産業社, 1991.12.30)

4. 安在鴻選集刊行委員會 編,『民世安在鴻選集』4(知識産業社, 1992.9.9)

5. 安在鴻選集刊行委員會 編,『民世安在鴻選集』5(知識産業社, 1999.12.3)

6. 高麗大學校博物館 編,『民世安在鴻選集 -日帝下 論說과 資料』6(지식
산업사, 2005.8.15)

7. 高麗大學校博物館 編,『民世安在鴻選集 -解放後 論說과 資料』7(지식
산업사, 2008.3.1)

8. 高麗大學校博物館 編,『民世安在鴻選集-資料篇(國·英文 公文과 書翰』8
(지식산업사, 2004.10.15)

제1~5권까지는 발행 주체가 '安在鴻選集刊行委員會 編'이었으나, 제6~8권
은 '高麗大學校博物館 編'으로 바뀌었다. 그렇더라도 출판사는 동일하게 '지
식산업사'였다. 위에서 보듯이,『選集』제1권이 발행된 시기는 1981년 6월이
었다. 김경희는 당시 상황을 다음과 같이 기술하였다.

(자료 I)

『민세 안재홍 선집』이 간행되자, 1981년 7월 초 간행위원회 위원장 안호
상 선생을 비롯, 이희승·유광렬·김을한·송지영 등 여러 분이 민세 선생
의 미망인 김부례 여사 등 유족들과 함께 20여 분이 모여 종로1가 뒷골목
설렁탕집에서 축하자리가 마련되었다. 그 끝자리에 후석(천관우의 호 : 인
용자) 선생이 대취하였던 기억이 아련히 떠오른다.[78]

---

78) 金京熙,「앞의 글」, 362쪽. 천관우가『選集』발간을 축하하는 자리에서 '대취'한 모습

『選集』제1권이 나온 뒤 제2권이 발간되기까지 2년이 걸린 데에는, 천관우 개인의 사정이 이유가 되었던 듯하다. 1980년 신군부가 정권을 장악하였고, 이후 천관우는 관변 단체에서 주요 직책을 맡아 활동하였다. 國土統一院 고문(1980.2~1985.4)을 시작으로, 1981년 4월[79] 사단법인 民族統一中央協議會 에 관여하여 초대 의장으로 피선된 뒤 1983년 4월까지 2년 동안 의장직을 수행하였고, 임기를 마친 후에도 중앙지도위원(1983.6~1985.12)으로 활동하였다. 또 1981년 6월에는 平和統一政策諮問委員會 위원으로 선임되어 1985 년 5월까지 수행하였다.[80] 천관우는 이 시기를 다음과 같이 회상했다.

(자료 J)

한국일보와 다시 관련을 맺기로 작정이 된 것과 거의 동시에, 나는 또 民族統一中央協議會(민통)라는 사단법인 단체의 議長으로 選任되었다. 통일 문제에 관심을 많이 쏟아온 民間人들의 全國組織인데, 草創期이었기 때문에 거의 隔日 꼴로 나가 보아야 했다. …

民統 議長은 2년 任期를 채우고 물러났다. 그러나 한동안 분주했던 習性 탓인지 이번에는 공부가 안 되는 것이다. … 그 역시 잠시의 슬럼프 現象이려니 하고 나 자신에게 點數를 후하게 매기고 있던 중에, 금년 봄에는 뜻하지 아니한 重病으로 健康을 크게 해치고 말았다. …[81]

은, 자신이 공을 들인 『選集』이 출간되기 시작했다는 기쁨의 표현이었으리라. 그러나 '당시로서는 스승급 원로 학자들' 앞에서 대취한 이면에는, 「불함철학대전」과 같은 저작의 일부가 분실된 아쉬움이 깔려 있는지도 모른다. 앞의 「지식산업사 김경희 사장과 인터뷰」.

79) 이보다 한 달여 앞서서, 1981년 3월 천관우는 『한국일보』의 常任顧問으로 언론계에 복귀하였다. 앞의 「千寬宇 先生 年譜略」, 1076쪽.

80) 앞의 「千寬宇 先生 年譜略」, 1076쪽 ; 정진석, 앞의 「후석 선생의 큰 발자취」, 88~91쪽.

81) 앞의 「六十自叙」, 1985, 1093~1094쪽.

민통 의장직을 수행하면서82) '隔日'로 출근하는 '분주'함이 따랐기에, 천관우는 한국사 연구에도 매진하지 못하는 여건이었으므로, 『選集』 발간 작업이 다소 침체될 수밖에 없었다. 『選集』 2권이 발간된 뒤 3권이 나오기까지 거의 9년의 세월이 걸린 이유는, 지식산업사의 경영난에다 천관우 개인의 건강상의 문제가 겹쳤기 때문이다.

먼저 지식산업사의 사정을 말하면, 『選集』 2권을 발간한 이후 지식산업사는 경영난에 빠졌는데, 1984년 7월을 전후해서는 폐업 위기에 처하였다. 1969년에 창립된 지식산업사는 이 시기까지 한국학 관계 서적을 비롯하여 미술이나 문학도서 등 140종을 펴냈다. 1974년에는 105점(1권 35점 / 2권 35점 / 3권 30점)의 조선 회화 작품을 실은 『李朝繪畵』 전3권을 비롯하여83) 미술도서들을 발행하여 일본에 수출하였는데, 1980년대 들어 수출 부진 등으로 타격을 받아 1983년 한때 도산 상태에 빠진 적도 있었다.84) 1984년 들어 지식

....

82) 이러한 활동 때문에, 천관우는 민주화운동을 함께 했던 在野 인사들에게 비판을 받기도 하였으며, 그의 민주화운동 경력이 훼손되었다는 평가를 받기도 하였다. 여기서 이를 평가할 수는 없지만, 이미 정진석이 적절하게 지적한 대로 "그러나 천관우는 권력으로부터 어떤 혜택도 받지 않았다. 일생을 청빈하게 살았다. 민통 의장 취임 이후에도 전혀 달라지지 않았다. 개인의 욕망이나 경제적인 도움을 기대한 처신이 아니었던 것"은 분명하다. 정진석, 앞의 「후석 선생의 큰 발자취」, 91쪽. 천관우 자신도 이 시기를 "정부로부터 財政 일부를 支援받는 단체라 해서 그러했던지, 여기에 관계한 以後로 口舌數가 잦은 것을 나도 짐작은 하고 있다."고 회고하였다. 앞의 「六十自叙」, 1985, 1093쪽.

83) 1975년에는 『李朝繪畵 別卷』을 발행하였다.

84) 당시의 사정을 김경희는 다음과 같이 기술했다. "그런데 1983년 겨울 저의 무능으로 회사가 거액의 부도를 내는 파산 사태에 몰리자 민세의 미망인이신 김부례 여사께서 원고를 되찾아 가시게 되었습니다." 김경희, 앞의 「민세 안재홍 선집 간행기」. 이에 따르면, 김부례가 민세의 원고를 되찾아 간 때는 1983년 겨울 이후였다. 이어 김경희는 「민세 안재홍 선집 간행기」에서 다음과 같이 적었다. "1988년 여름 어느 날 김부례 여사가 원고 보퉁이를 다시 가져오셔서 '아무리 생각해도 선집을 내줄 사람은 김사장 밖에 없는 것 같소' 하시며 '당장은 어렵더라도 내가 살아있는 동안에만 내주면 되니

산업사가 다시 폐사 위기에 빠지자, 다행히 서울대학교 邊衡尹 교수를 비롯하여, 서울과 지방의 대학 교수 20여 명과 소설가 朴景利씨 등이 '知識産業社後援會'를 결성하였다. 후원회는 출판사가 정상궤도에 오를 때까지 지원키로 했고,[85] 이로써 지식산업사는 재기할 발판을 마련하였으며 위기에서 벗어날 수 있었다.

그러다 1990년 6월 14일 지식산업사가 들어 있는 빌딩[86]에 화재가 발생했다.[87] 당시 화재 때의 일화 하나를 김경희는 다음과 같이 전하였다.

....

당신이 다시 맡아 주시기를 바라오' 하시는 것이었습니다." 이에 따르면, 1988년 여름 이후 『選集』 제3권을 발행하는 작업이 시작되었으리라 짐작하나, 뒤에 서술할 화재로 인하여 또 다시 차질이 생긴 듯하다.

[85] 최근 김경희는 한 신문사 기자와 인터뷰하는 가운데 저간의 사정을 다음과 같이 말했다. "1980년 '광주사태' 때 화집 판매의 핵심 지역이었던 광주 · 전주 조직이 결정적 타격을 받았다. 아웅산 테러와 칼(대한항공)기 폭파 사건이 났을 때는 3~5개월짜리 할부 판매금이 들어오지 않았고 어음들은 펑크가 났다." 한승동 선임기자, 「인터뷰 : 김경희 지식산업사 대표) 한국의 장수 출판사들❶」, 『한겨레』(2016.7.15). '知識産業社後援會'는 위원장으로 邊衡尹 교수(서울大)를 선임하고 閔斗基 교수(서울大)를 부위원장으로 뽑았으며, 간사는 金容德 교수(서울大)가 맡았다. 이 밖에 경제학자 安秉直, 사회학의 愼鏞廈, 국사학 李泰鎭, 동양사학 李成珪 등 서울大 교수와 梨花女大 陳德奎, 정신문화연구원 趙東一 교수를 비롯하여, 仁荷大 · 忠南大 · 嶺南大 등 지방 대학의 교수들도 참여하였다. 후원회에 참여한 인사들은 대부분 지식산업사가 발간한 저서들의 저자들로서, 출판사의 도산을 막기 위해 한 사람이 우선 1백만 원씩을 갹출하여 운영비에 쓰도록 결정하였다. 〈知識産業〉 救命작전나선 知識人들-邊衡尹 · 朴景利씨 등 앞장 20여 명 後援會조직」, 『京鄕新聞』(1984.7.6). 참고로 적으면, 아웅산 테러(=버마 암살폭파사건)은 1983년 10월 9일, KAL기폭파사건(=대한항공 858기 폭파사건)은 1987년 11월 29일 발생했다. 위의 인터뷰에서, 김경희가 어려웠던 경영 상황을 떠올리다 보니, 시기상으로 4년이나 떨어져 있는 아웅산 테러와 칼기 폭파 사건을 함께 언급했다고 보인다.

[86] "▲ 金京熙 지식산업사사장=출판사 사무실을 서울종로구 통의동 102 양지빌딩 301호로 옮겼다." 「出版社사무실 이전」, 『京鄕新聞』(1987.4.11 토요일 2면).

[87] 이를 보도한 당시 신문 기사 하나를 인용하면 다음과 같다. "14일 오후4시반경 서울鍾路구通義동102 양지빌딩(주인 金서환 · 50) 지하1층 녹음전문 스튜디오 에루하민속기획(대표 정의용 · 34)에서 불이나 이건물 3층 지식산업사에 있던 金宇正(59 · 문학평론가)

(자료 K)

그런데 불 나가지고 정신이 없을 때예요. 내 형님은 그 날로 돌아가시고. 4시간만에 돌아가시고. 2시경인가에 불이 났는데 6시에 돌아가셨으니까. 우리 직원들은 여덟인가가 입원했어요. 내 딸도 거기 있고, 그 다음날 수술한다고 정신이 없었어. 그런데 할머니(김부례 여사를 가리킴 : 인용자)한테 전화가 왔어요, "별일 없소?" "네, 별일 있습니다." "뭔 일이오? … 간밤에 내가 민세 선생 꿈을 꿨소. 원고 어떻게 됐냐?." 간밤에 꿈을 꾸었는데, 살아 계실 때처럼 민세 선생이 오셨다는 거야. 그리고 "걱정하지 마. 내 원고 무탈해" 하셨다는 거예요. 탈이 없다. 그래서 병원으로 나를 찾아오셨어요. … 내가 어려운 가운데도 민세 선집 간행을 무사히 마친 것도 김부례 할머니의 정성에 감복한 것이라고 생각해요. 민세 선집 5권이 나오던 해에 돌아가셨어요.[88]

『選集』이 출간되기를 바라는 김부례의 지극한 정성, 경황없는 가운데서도 『選集』 발간의 책임의식을 놓지 않은 김경희의 모습을 보여주는, 숙연한 듯

....

가 불을 피해 인도로 뛰어내리다가 목뼈가 부러져 숨지고 민속기획대표 정씨 등 15명이 중경상을 입었다." 「대낮 빌딩지하서 불 1명 사망 15명 부상」, 『東亞日報』(1990.6.15). 『한겨레신문』(1990.6.15)도 "빌딩 지하 불 1명 사망" 제목으로 이 화재를 보도하였다. 김우정은 김경희의 사촌형으로, 시인이자 중앙일간지 두 곳의 신춘문예(문학평론) 당선자였다. 김우정은 1969년에 을지로의 조그마한 방에서 지식산업사를 시작하였고, 김경희는 1971년 을유문화사에 근무하다가 지식산업사로 옮겨갔다. 한승동 선임 기자, 「인터뷰 : 김경희 지식산업사 대표)한국의 장수 출판사들❶」, 『한겨레』(2016. 7.15). (자료 K)에서 김경희가 '내 형님'이라고 지칭한 사람은 바로 김우정이었다.

88) 앞의 「지식산업사 김경희 사장과 인터뷰」. 가족이 사망할 정도의 화재가 발생한 경망 중에 원고의 안전 여부를 묻는 김부례에게 서운함과 야속함을 느꼈을 법도 한데, 김경희는 그러한 인지상정을 뛰어넘어 오히려 김부례의 정성을 보았다. 『選集』 제5권의 판권에는 발행일이 1999년 12월 3일로 인쇄되어 있으나, 아마 이 책이 출간되어 시중에 유통된 때는 2000년이도 터이므로 김경희가 이렇게 회고했으리라 생각한다. 김부례가 작고한 날은 2000년 11월 25일이었고 향년 91세였다. 그토록 소망하였던 『選集』 전5권이 완간되는 모습을 보고 별세하였다.

진한 여운이 남는 일화이다. 언론에 보도될 정도의 참담한 화재가 발생한 지식산업사의 불행사 속에서도 안재홍의 원고는 다행히 소실되지 않았다.

『選集』제2권이 발간된 후, 천관우의 사정도 녹녹하지 않았다. (자료 J)에서 보았듯이, 천관우는 2년간의 민통 의장직을 마치고는 슬럼프에 빠졌고, 그러기를 몇 년 하였는데, 1985년 봄에 '重病'이 들어 건강을 크게 해쳤다. 환력기념 논총을 봉정 받을 때에는[89] 잠시 건강이 회복되는 듯하였으나 끝내 완쾌되지 못하였다. 이 시간 동안 천관우는 강의는 물론, 집필도 여의치 못하였다. 그는 여러 해 동안 투병하는 고초를 겪다가,[90] 아쉽게도 『選集』제3권 발간(1991.12.30)을 1년 정도 앞두고 1991년 1월 15일 향년 67세로 타계하였다.[91] 1991년 12월 발간된 『選集』제3권부터 편집위원 명단에서 천관우가 빠지게 되는 연유이다. 예정하였던 『選集』전5권이 그의 사후에 완간되었음은, 그가 생전에 『選集』전5권의 '책임편집'을 이미 완결하였음을 말해준다.

『選集』제3권이 간행된 후, 제4권은 곧이어 나왔으나, 제5권이 발간되기까지는 다시 7년의 세월이 걸렸다. 이도 아마 재정 문제로 보인다.[92] 『選集』전8권의 판권을 보면, 1·2권은 "이 책은 한국문화예술진흥원 출판지원금의 도움을 받았음", 3·4권은 "이 책은 총리실과 국가보훈처로부터 발간지원금

---

[89] 판권에 명기된 기념논총의 발행일은 1985년 12월 7일이나, 증정식은 1986년 7월에 있었다. 韓國思想史學會, 千寬宇先生追念論叢刊行委員會 共編, 「千寬宇先生 略年譜」, 『千寬宇先生 追念論叢 : 韓國思想史學』4·5合輯(韓國思想史學會, 1993.12), 555쪽.
[90] 한영국, 「편집후기」, 406쪽.
[91] 앞의 「千寬宇先生 略年譜」, 555쪽.
[92] 당시의 사정을 김경희는 다음과 같이 기술했다. "제5권은 1995년 조판을 완료하고 출판경기기 좀 나아지면 낸다고 하다가 마침내 1999년은 넘기지 않겠다고 인쇄하는 가운데 김부례 여사가 간행 일주일 전에 영면하시고 말아 안타까움이 몹시 큽니다." 김경희, 앞의 「민세 안재홍 선집 간행기」. 그런데 이 회고의 후반부에는 기억에 다소 착오가 있는 듯하다. 앞서도 서술하였듯이, 김부례가 작고한 날은 2000년 11월 25일이었으므로, 예정하였던 『選集』전5권이 완간되어 유통됨을 보고 별세하였다.

을 받았음."이라 하였으나, 5권은 발간지원금을 언급하지 않았다. 그러다 다
시 6·7·8권은 "이 책은 민세안재홍기념사업회, 경기문화재단, 평택시의 지
원을 받아 출간되었습니다."고 명시하였다. 이를 보면, 『選集』 발간을 지원받
는 데에서도 우여곡절이 있었던 듯하다. 조기흥·김선기·김진현 등 전·현
회장들과 사무국장 황우갑 등 '민세 안재홍선생 기념사업회'[93]의 임원진들이
6·7·8권을 간행하기 위하여 해당 지원처와 교섭하였던 수고를 짐작케 한
다.

　『選集』 제5권이 발간된 후 제6·7·8권이 나오기까지[94] 거의 5년이 걸린
사유는 천관우가 사거함으로써 책임편집자가 부재하였고,[95] 또 재정 문제도
컸다. 『選集』 6·7·8권을 발행한 출판사는 여전히 지식산업사였지만, 간행
주체가 '안재홍선집간행위원회'에서 '고려대학교박물관'으로 編者가 바뀌었
고, 박한용(민족문제연구소 연구실장)이 「≪민세안재홍선집≫ 제6·7권 해
제를 대신해」를 집필하였다.[96] 박한용은 위의 글에서 『選集』 6·7·8권이 간
행되는 저간의 사정을 다음과 같이 기술하였다.

⋯⋯⋯⋯⋯⋯⋯⋯⋯⋯⋯⋯⋯⋯⋯⋯⋯

[93] 뒤에 보겠지만, '민세 안재홍선생 기념사업회'는 2000년 10월 21일 창립대회를 가졌다.
[94] 정상의 순서라면, 『選集』 제6권이 먼저 출간되었겠지만, 8권은 英文으로 된 書翰·公
函 등을 비롯해 원자료를 영인하여 수록했기 때문에 편집 작업이 수월하였겠고, 그래
서 빨리 출간할 수 있었으리라 추측한다. 『選集』 6·7권의 경우, 8·15해방 후 『漢城
日報』에 실린 글들을 예로 보더라도 판독하기 어려운 상태의 원고(불가능한 원고들
도 있다)들이 많았으므로, 이것들을 해독하고 교정·교열하는 작업까지 마치려면 시
간이 꽤 들었을 터이다.
[95] 『選集』 6·7권의 책임편집과 해제를 맡은 박한용이 "천관우 선생의 사거로 편집과
해제를 맡을 이가 마땅하지 않았던 연유도 있다. 그동안 ≪선집≫ 간행에 가장 정력
을 기울였고, 충실하게 해제를 해왔던 천관우 선생을 대신할 인물이 금방 나오기
어려웠던 것 같다."고 기술하였는데, 천관우의 뒤를 이어 편집의 노고를 다한 이의
적절한 지적이라고 생각한다. 박한용, 「앞의 글」, 529쪽.
[96] 박한용이 집필한 해제는 『民世安在鴻選集』 6, 517~535쪽과 『民世安在鴻選集』 7, 327~344
쪽에 같은 원고가 반복해서 실렸다.

(자료 L)

　마지막으로 재정난이다. 마땅히 국가가 지원해야 할 사업이었으나 그러지 못했다. 유족과 뜻있는 민간 인사들의 자발적 노력만으로 추진하다 보니 선집 5권을 간행하는 데에도 20년 가까이 흐른 셈이다

　이번에 출간되는 《選集》 제6·7권은 그에 견주면 사정이 나은 편이다. 제6·7권이 발간되는 과정은 먼저 유족 측의 제의가 있었다. 유족 측은 2003년 5월 안재홍 선생의 유품(대부분 문서류)을 고려대학교박물관에 모두 기증함과 아울러 미처 발간하지 못한 자료들을 선집으로 속간하기를 희망하였다. 고려대학교박물관 최광식 관장은 이를 쾌히 응낙하고, 지식산업사 김경희 사장이 보관하고 있던 원고와 자료들을 넘겨받은 뒤 대략 두 권의 선집으로 출간할 것을 약속하였다. 다행히 민세안재홍기념사업회와 유관 국가기관, 지방자치단체에서 이에 대한 간행 비용을 대기로 했으며, 지식산업사 또한 선집 제작에 참여하기로 해 과거보다는 안정적이고 탄탄한 기반 위에서 선집을 속간할 수 있게 되었다.[97]

　이로써 2008년 3월 1일 안재홍의 忌日에 맞추어 예정하였던 『選集』 전8권의 간행이 완료되었고, 추도식에서 헌정되었다. 그러나 김부례가 보존한 '열댓 권' 분량의 저작물이, 반의 분량만 간행된 채 中途半端한 듯한 아쉬움은 아직도 全集의 완성을 고대하고 있다.

VI. 정윤재 교수의 역사의식과 연구 선도

　앞서 말하였듯이, 1978년 겨울 천관우가 안재홍의 年譜를 정리하고, 이어

---

97) 박한용, 「앞의 글」, 529~530쪽.

『民世安在鴻選集』의「解題」(一)를 쓰면서 연구의 물꼬를 튼 뒤, 1980년대 들어 정윤재를 시작(T-1, T-2)으로 안재홍을 주제로 한 연구가 활발하게 이루어졌다. 이때는『選集』제1권(1981년 6월 발행)이 아직 발간되기 이전이었는데, 석사 과정에 재학하던 정윤재는 "해방 직후 우리나라 지식인이나 정치지도자들이 상상했던 한민족의 이상사회는 무엇이었는가"를 고민하던 중, 서울대학교 도서관 '한 구석'에서『신민족주의와 신민주주의』·『한민족의 기본진로』등을 발견하였고, 이 책들을 '읽는 기쁨'을 석사학위논문으로 이어갔다.[98]

정윤재의 석사학위논문(T-1)이 작성되는 때는,『選集』제1권(1981년 6월 발행)이 아직 발간되기 이전이었다. 이 석사학위논문은 수정을 거쳐「安在鴻의 政治思想研究-그의 新民族主義論을 中心으로」라는 제목으로『社會科學과 政策研究』Ⅲ-3(서울大學校 社會科學研究所, 1981.11)에 게재됨으로써 학계에 공개되었다.

정윤재의 석사학위논문은『選集』이 출간되기 전 연구자가 직접 자료를 발굴하였고, 안재홍을 연구 주제로 삼은 최초의 학술 논문이라는 점에서 큰 의미를 지녔다.『選集』제1권이 출간되는 바로 그 해에, 안재홍을 다룬 최초의 학술논문이 세상에 나왔다는 우연한 일치는, 이를 발표한 학자 초년생에게도 '우연한 기연'으로 작동하였다. 정윤재가 하와이 대학에서 정치리더십을 공부하면서, 1988년 정치학 박사학위논문으로 제출한 (T-3)도 국내외를 통틀어 안재홍을 주제로 삼은 최초의 박사학위논문으로서 자리매김되었다. 이후 그는 안재홍을 심층 연구한 후속 논문을 발표하면서 안재홍 연구를 선도하였다.

....

[98] 정윤재,『다사리국가론-민세 안재홍의 사상과 행동』(백산서당, 1999.11)의「서문」.

안재홍 연구의 선두 주자 구실을 한 정윤재의 석사학위논문의 의미는 조금 더 강조할 필요가 있다. 1980년대는 해방전후의 시기를 대상으로 학문상의 관심이 고조되는 분위기였지만, 아직 냉전논리가 주류를 이루었으며, 더욱이 1980년대 초는 1970년대와 크게 다르지 않게 엄혹한 시기였다. 안재홍이 해방정국의 공간에서 발표한『신민족주의와 신민주주의』·『한민족의 기본진로』는『選集』2권(1983년 2월 발행)에 실렸는데, 냉전과 반공의 논리가 학문의 객관성까지 제약하던 당시의 상황에서, 안재홍의 사상을 나타내는 주요 개념어들이 삭제되어 출판되었다. 냉전과 반공의 논리가 학문의 객관성까지 제약하던 당시의 상황이 반영되었기 때문이다.

이를테면『한민족의 기본진로』와 같은 경우, 안재홍이 유물사관의 계급투쟁 이론을 날카롭게 비판하였는데도 '階級鬪爭'이라는 용어가 삭제된 채 '계급투쟁'을 설명하는 진기한 편집이 이루어졌다. 심지어는 상당한 분량의 문장이 통째로 날아간 예도 있다.[99] 이 가운데 하나가 안재홍의 역사관을 나타내는 '綜合的 唯物史觀'인데, '유물사관'이란 말 때문인지 이 용어가『選集』2권에서는 사라져 버렸다. 이러한 정황을 고려한다면, 1981년 2월 제출한 석사학위논문에서 안재홍의 신민족주의론이 Bourgeois Democracy와 마르크시즘을 동시에 비판하였음을 지적하면서, '종합적 유물사관'이란 용어를 되살려 안재홍의 정치사상을 설명한 견해는 주목할 만하다. 1980년대 초의 엄혹한 상황에서, 이는 용기를 필요로 하는 바였으며, 안재홍의 용어로써 그의 사상의 본질을 짚은 선견이었다. 1990년대 초까지 안재홍과 관련한 연구는, 新民族主義의 정치사상·이념을 다룬 분야가 양과 질에서 가장 많았는데, 이 분야의 연구를 선도하고 심화시킨 연구자가 정윤재였다.

---

[99] 용어나 원문이 삭제된 곳에는 '삭제'되었음을 밝혔으므로, '삭제' 행위는 천관우가 의도한 바가 결코 아니었으리라 생각한다.

정윤재는 초기 연구에서 新民族主義의 본질·성격과 내용을 파악하는 데 연구의 초점을 집중하였고(T-1, T-2, T-4), 나아가 신민족주의에서 '조선정치철학'이 차지하는 중요성을 강조하면서 '다사리주의'를 주목하여 심도 있게 조명하였는데(T-3, T-5, T-6, T-7, T-9), 이로써 신민족주의론의 핵심과 실체를 상당 부분 해명하였다. 이어 정윤재는 안재홍의 신민족주의론을 한국의 다른 정치사상과 비교·검토하는 방향으로 연구를 진척시켰다(T-6, T-8). 1930년대에 안재홍이 제창한 '民世主義'를 규명하려면, 이 시기 그가 주창한 '문화건설론'을 이해해야 하는데, 일제의 동화정책과 국제공산주의에 맞서는 논리였던 '문화건설론'에 주목한 논문도(T-10) 돋보인다. 이러한 기반 위에서 신민족주의론과 관련시켜, 8·15해방 후 안재홍의 정치활동의 전체상을 정리하고 의의를 심도 있게 평가한 시도(T-11)가 가능하였다.

정윤재는 안재홍의 전기 또는 평전에 해당하는 『다사리국가론-민세 안재홍의 사상과 행동』(백산서당, 1999.11), 『다사리공동체를 향하여-민세 안재홍 평전』(한울, 2002.12)을 집필하였는데, 이 또한 안재홍을 다룬 전기류(類) 가운데 '최초'라는 의미를 지니고 있다. 위의 두 저서는 안재홍 연구를 선도하면서 리더십 분야의 연구를 주도한 학문 역량에 기반을 두고, 정치지도자의 리더십이라는 측면에 초점을 두어서 안재홍을 심도 있게 조명한 力作들이다. 특히 『민세 안재홍 평전』은 그간 안재홍을 연구한 성과를 최대한 반영하면서 사진 자료까지 광범위하게 수집·수록함으로써, 專門性과 함께 대중이 역사 속의 인물에 쉽게 다가갈 수 있도록 친밀성도 확보하였다.[100]

위에서 연구사를 개략한 정윤재의 논저는 다음과 같다(B는 저서를, T는 개별 논문을 가리킨다).

100) 김인식, 「한국근현대인물평전의 略史와 전망」, 『中央史論』 第39輯(中央史學研究所, 2014.6), 368쪽.

(자료 M)

- B-1. 정윤재, 『다사리국가론-민세 안재홍의 사상과 행동』(백산서당, 1999.11).
- B-2. 정윤재, 『다사리공동체를 향하여-민세 안재홍 평전』(한울, 2002.12).
- T-1. 鄭允在, 「안재홍의 정치사상 연구-그의 신민족주의론의 형성과정을 중심으로」(서울大學校大學院 政治學科 碩士學位論文, 1981.2).
- T-2. 鄭允在, 「安在鴻의 政治思想硏究-그의 新民族主義論을 中心으로」, 『社會科學과 政策硏究』 Ⅲ-3(서울大學校 社會科學硏究所, 1981.11).
- T-3. Yoon Jae Chung, "A Medical Approach to Political Leadership : An Chae-Hong and A Healthy Korea 1945-1948", Dissertation for Ph. D in Political Science (University of Hawaii, Manoa, December 1988).
- T-4. 鄭允在, 「解放直後 '新民族主義' 政治思想 硏究-安在鴻의 '민족투쟁론'과 '통일국가건설론'을 중심으로」, 『社會科學硏究』 第7卷 2號(통권11號)(忠北大學校 社會科學硏究所, 1990.12).
- T-5. 鄭允在, 「安在鴻의 해방전후사 인식과 "조선정치철학적" 처방」, 金榮國 外著, 『韓國政治思想史』(博英社, 1991.9).
- T-6. 정윤재, 「해방직후 한국정치사상의 분석적 이해-안재홍 · 백남운 정치사상의 비교분석」, 『韓國政治學會報』第26輯 第1號(韓國政治學會, 1992.11) [『다사리국가론-민세 안재홍의 사상과 행동』(백산서당, 1999.11)에 수정 · 소수].
- T-7. 정윤재, 「한민족 이상국가와 '다사리민주주의론'」, 『國際關係硏究』第6輯(忠北大學校 國際關係硏究所, 1993.11).
- T-8. 鄭允在, 「〈열린 나〉의 정치사상-최제우 · 안재홍 · 김지하를 중심으로」, 『韓國政治硏究』 7(서울大學校 韓國政治硏究所, 1997.12).
- T-9. 정윤재, 「안재홍의 조선정치철학과 다사리 이념」, 정윤재 외 공저, 『민족에서 세계로-민세 안재홍의 신민족주의론』(봉명, 2002.7).

- T-10. 정윤재, 「1930년대 안재홍의 문화건설론-국제공산주의운동과 일
  제의 강압적 동화정책에의 비판적 대응」,『정신문화연구』통권99호
  (한국학중앙연구원, 2005.6) [한국학중앙연구원 편(정윤재·이진한·
  김인식·윤대식 지음),『민세 안재홍 심층연구』(황금알, 2005.6)에 다
  시 수록].
- T-11. 정윤재, 「대한민국정부 수립 전후 민세 안재홍의 정치활동」, 민
  세 안재홍선생 기념사업회 편(이철순·김인식·정윤재·이황직·이
  진한 등 5인 공저),『납북 민족지성의 삶과 정신』(선인, 2011.12).

Ⅶ. '민세 안재홍선생 기념사업회'의 시대의식과 홍보 사업

정윤재가 안재홍 연구를 선도하였다면, 2000년 10월 21일 창립된 '민세 안
재홍선생 기념사업회'는 안재홍을 홍보·선양하는 사업의 일환으로 꾸준히
학술대회를 개최하고 결과물을 학술서적으로 간행함으로써 안재홍의 정신
을 학문상으로 객관화하여 정립하는 데 기여하였다. 사업회가 발족하기 전
에는 안재홍을 공산주의자로 오인했던 지역 사회의 시선이, 이제는 안재홍을
평택이 낳은 대표 인물로 인식하는 전환이 이루어졌다는 사실로 미루어보더
라도 사업회의 기여도를 짐작할 수 있다.

'민세 안재홍선생 기념사업회'를 설립하려는 움직임은, 평택 지역의 뜻 있
는 인사들을 중심으로 1999년 3월 1일 안재홍의 34주기 기일에 행한 추모식
에서 의견을 논의함으로써 본격화하기 시작하였다. 같은 해 6월 6일 현충일
을 맞아, '민세 안재홍 선생 기념사업회 발기인대회 준비위원회'의 명의로
「가칭 민세 안재홍선생 기념사업회 창립준비를 위한 취지문」[101]을 작성하
고, 기념사업회 창립을 위한 발기인 모집에 착수하였다. 7월에 들어서는

다시 '민세 안재홍 선생 기념사업회 발기인대회 준비위원회'의 명의로 19
쪽 분량의 「민세 안재홍 선생 기념사업회 발기인 모집 홍보자료(팸플릿)」
(1999.7.20)를 배포하였다. 이 자료는 '민세 안재홍 선생 기념사업회 추진과정'
과 향후의 계획을 밝히고, 1999년 7월 20일 현재 '준비위원' 명단을 공개하였
으며, '민세 안재홍선생 기념사업회(가칭)'의 목적과 기본사업계획(추모사업
/ 홍보사업 / 정신 계승사업)을 공지함으로써[102] 발기인 모집을 확대 추진하
였다.

　이러한 노력 끝에 1999년 12월 4일 발기인 대회를 갖고, 「발기 선언문」과
4개 항의 '실천사항'을 발표하였다. 강영훈(전 국무총리)[103] · 강원룡(크리스
찬아카데미 이사장) 등 사회의 저명 원로를 비롯하여, 김선기(평택시장) · 원
유철(국회의원) 등 평택 지역의 정치인, 김경희(지식산업사 사장) · 한만년
(일조각 사장) 등 문화계 인사, 학계에서는 조기홍(평택대학교 총장, 발기인
대회장) · 김정기(방송위원장) · 신용하(서울대 교수) · 한영우(서울대 교수) ·
정윤재(정신문화연구원 교수) · 이문원(중앙대 교수) 등 228명이 발기인으로
참여하였다(1999년 11월 30일). 이 날 발기인 대회에서는 강원룡 목사의 격려
사가 감격스러웠으며, 발기인으로 참여한 한영우 교수(서울대 인문대학장/
한국사)의 「민세 안재홍 선생의 생애와 사상-純正 右翼의 民族知性」이라는
제하의 기념 강연도 참석자들에게 많은 감동을 주었다.[104]

---

101) 이 취지문은, 민세 안재홍 선생 기념사업회 발기인대회 준비위원회, 「민세 안재홍
　　선생 기념사업회 발기인 모집 홍보자료(팸플릿)」(1999.7.20), 3~4쪽에 실려 있음.
102) 앞의 「민세 안재홍 선생 기념사업회 발기인 모집 홍보자료(팸플릿)」(1999.7.20)를
　　참조.
103) 이하 괄호 안의 사항은 당시의 소속과 지위를 나타냈다.
104) 「민세 안재홍 선생 기념사업회 발기인 대회(팸플릿)」(일시: 1999년 12월 4일(토)
　　15:00~17:00, 장소: 평택시 송탄출장소 4층 대회의실, 주최 : 민세 안재홍 선생 기념사
　　업회 준비위원회)를 참조.

이후 1년여의 착실한 준비를 거쳐, 마침내 2000년 10월 21일 '독립운동가 민세 안재홍 선생 기념사업회 창립대회'를 개최하였다. 이 날 대회에서는 이전의 「발기 선언문」과 4개 실천사항을 다듬어서, '민세 안재홍선생 기념사업회 창립회원 일동' 명의로 「민세 안재홍선생 기념사업회 창립 선언문」과 3개 항의 「실천강령」을 발표하였다. 창립 대회 후 이어진, 정윤재 교수(한국정신문화연구원/정치학)의 「다사리 주의와 민세 정신」이란 제목의 기념 강연은 창립대회에 걸맞게 '안재홍 정신'의 핵심을 설파하여 주었다. 이 날 발표한 「창립 선언문」과 「실천강령」은 안재홍을 홍보·선양하려는 주최 측의 주관성을 넘어, 안재홍 연구의 목적·목표와 방향성도 함께 제시하였으므로 주요한 부분을 인용한다.

(자료 N)

민세의 삶이 우리 행동의 모범이 된다면 민세의 사상은 21세기를 맞이한 한국사회에 내재한 문제에 대한 해결책을 제시하고 있습니다. 현재 우리는 내부적으로 소득 재분배의 실패로 인해 계층간 갈등이 확대되고 있으며, 민족적으로는 남북이 이데올로기적으로 분단되어 있습니다. 따라서 새 천년에는 이러한 문제를 해결하기 위한 새로운 사상이 요구되며, 민세는 이미 50여 년 전에 이에 대한 해결책으로서 신민족주의론을 제시하였습니다. 이 이론은 내적으로는 민주주의를 성취하여 민족을 구성하는 여러 사회 계층의 상호간의 대립 반목을 해소하고, 외적으로는 타민족에 대하여 자주적인 입장을 견지하려는 것이었습니다. 그의 사상적 배경에는 신간회 운동 이후 자본주의·민주주의적 입장을 견지하면서도 민족적 갈등을 해소하고자 사회주의를 수용했던 독립운동상의 경험과 한국고대사의 연구를 통해 우리의 상고사에서 민주적 성격을 지닌 제도나 사상 및 언어의 변천 과정을 탐구하여 그 속에 내재된 균등사상을 찾아낸 결과였습니다. 분단 초기에 제시된

신민족주의론은 현재 진행되고 있는 남북한 화해의 이론적 근거가 된다는
점에서 시대를 초월하여 정당한 사상이었다고 할 것입니다.

　새로운 세기를 맞이한 한국 사회의 현실이 민세의 사상을 요구하고 있습
니다. 그러므로 우리는 순수한 뜻을 모아 민세의 사상과 학문을 연구하고
세상에 알리는 사업을 하고자 민세 안재홍 기념사업회의 창립을 선언하며
아울러 다음과 같은 실천강령을 정하였습니다.

　실천강령
　1. 민세의 생애와 사상을 홍보하여 여러 사람들로 하여금 자신의 삶에
　　　귀감으로 삼게 한다.
　1. 민세와 관련된 모든 자료를 수집하고 정리하며, 신민족주의론 등 그의
　　　사상을 학문적 연구를 통해 심화시킨다.
　1. 본 사업회의 재단법인화를 통해 민세의 민족운동론, 언론관, 역사관
　　　등을 종합한 학문으로 '민세학' 연구가 활성화될 수 있도록 경제적으로
　　　지원한다.

2000년 10월 21일

민세 안재홍선생 기념사업회 창립회원 일동[105]

　同 기념사업회의 발기인 대회와 창립 대회 때, 「선언문」과 「실천강령」을
이진한(현 고려대학교 한국사학과 교수)이 낭독하였는데, '民世學'을 제창하
는 순간에 새삼 경탄하며 많은 시사를 받았던 기억이 지금도 뚜렷하다. 위의
「실천강령」이 명시하였듯이, '민세 안재홍선생 기념사업회'는 '학문적 연구'

---

105) 「독립운동가 민세 안재홍 선생 기념사업회 창립대회(팸플릿)」(일시: 2000년 10월 21
　　일(토) 오후 3~5시, 장소: 평택시 북부(송탄) 문예회관 소공연장, 주최: 민세 안재홍
　　선생 기념사업회 준비위원회).

에 근거하여 홍보사업을 추진하였고 그간 적지 않은 연구 성과를 축적하였
는데, 이를 기획 · 실행하는 사무국장 황우갑의 無私한 노력에 힘입은 바 컸
다.

먼저 특기하고 싶은 바는 첫 번째 학술대회이다. 기념사업회는 창립 1주년
을 맞이해 가는 시점에서, 5명의 공동연구자를 선정하여 안재홍 사상의 핵심
인 신민족주의를 재조명하는 학술대회를 열었다. 안재홍의 핵심 사상이 新
民族主義였으므로 첫 번째 학술대회의 성격상 너무나 당연한 주제 선정이었
고, 최초로 안재홍을 공동연구하였다는 점에서 안재홍 연구사에서도 매우
중요한 의의를 지녔다.『제1회 민세 학술심포지움 : 민세 안재홍의 신민족주
의론』(2001년 11월 24일)는 아래와 같은 5개의 소주제로 진행되었다.

(자료 O)

1.『제1회 민세 학술심포지움 : 민세 안재홍의 신민족주의론』(일시 : 2001
   년 11월 24일 · 土, 장소 : 평택대학교 대학원 소강당 2층, 공동주최 :
   (사)민세 안재홍선생 기념사업회 / 평택대학교 사회과학연구소)
   ● 정윤재(한국정신문화연구원/정치학),「제1주제 : 안재홍의 '조선정
     치철학'과 '다사리' 이념」
   ● 박찬승(충남대/국사학),「제2주제 : 1930년대 安在鴻의 民族主義論
     과 民世主義論」
   ● 김인식(중앙대/한국사),「제3주제 : 안재홍의 신민족주의 國家像」
   ● 조맹기(서강대/언론학),「제4주제 : 안재홍의 신민족주의 언론사상」
   ● 박한용(민족문제연구소/한국사),「제5주제 : 안재홍 : 조선의 고대
     를 통한 근대성의 추구 · 근대를 넘어선 근대?」[106]

---

[106] 괄호 안의 사항은 당시의 소속과 전공을 나타냈다.

이 날의 발표는 수정 · 보완되어『(민세연구①) 민족에서 세계로 -민세 안
재홍의 신민족주의론』로 출간되어, 안재홍에 대한 첫 번째 학제간 공동연구
이자 공동저서로서 의의를 남겼다. 박한용의 논문은 안재홍의 신민족주의와
고대사 연구에 관념화 · 신비주의화된 요소도 있음을 지적하였는데, 기념사
업회 측에서 볼 때 다소 비판성 서술로 보일 여지가 많았다. 그러나 안재홍을
학문상으로 객관화한 이러한 연구 결과는, 인물을 선양하려는 '기념사업회'
의 목적성이 한 인물을 우상화하는 방향으로 나아가지 말아야 한다는 방향
성을 확인하는 계기가 되었다. 이후 '민세 안재홍선생 기념사업회'는 '홍보'와
'선양'이라는 주관의 함정에 빠지지 않고, 안재홍을 역사 속의 맥락에서 객관
화시키려는 균형감을 유지하면서 학술대회를 꾸준히 개최하였다. 현재까지
9회에 걸쳐 지속된 학술대회의 대주제는 아래와 같다.

(자료 P)

2.『NGO-GBC 기획토론회 : 민세 안재홍 선생 유고집 발간 기념식 및 고려
　사학회 2004년 하반기 학술발표회-주제 : 민세 사상의 새로운 이해』(일
　시 : 2004년 10월 15일 · 金, 장소 : 고려대학교 LG-POSCO경영관)

3.『(대한민국 건국60 주년 기념 제3회 민세학술심포지움 : 민세 안재홍의
　항일과 건국사상』(일시 : 2008년 12월 12일 · 金, 장소 : 한국프레스센터
　19층)

4.『제4회 민세 학술대회 : 민세 안재홍의 통합의 정치사상』(일시 : 2009년
　12월 11일 · 금, 장소 : 한국프레스센터 19층)

5.『제5회 민세 학술대회 : 납북 민족지성의 삶과 정신』(일시 : 2010년 11
　월 8일 · 月, 장소 : 한국프레스센터 19층)

6.『제6회 민세학술대회 : 언론구국(言論救國)의 국사(國士) 안재홍』(일시
　: 2012년 9월 7일 · 金, 장소 : 대한상공회의소 회의실)

7. 『제7회 민세학술대회(청년민세 중국대장정 100주년) : 안재홍과 일제
  하 국내 민족운동』(일시 : 2013년 9월 6일 · 金, 장소 : 평택남부문예회
  관 3층 세미나실)

8. 『제8회 민세학술대회(1934 조선학운동 80주년기념) 1930년대 조선학운
  동 참여인물 연구』(일시 : 2014년 9월 19일 · 金, 장소 : 고려대학교 서관
  문과대학 317호)

9. 『제9회 민세학술대회(민세 안재홍선생 서세 50주년 추모 / 창립 15주년
  제9회 민세학술대회) 민세안재홍 자료집성과 민세역사공원 조성 방향』
  (일시 : 2015년 10월 21일 · 水, 장소 평택시립도서관 시청각실 3층)

제5회 학술대회부터는 연구의 외연을 넓혀서, 안재홍과 학문 또는 정치
성향을 함께 인사들을 주제로 삼아 '民世學'의 범주를 확인하는 공동연구를
시도하였다. 이 날 발표의 주제는 이철순(부산대 교수), 「우사 김규식의 삶과
해방 이후 정치활동」; 김인식(중앙대 교수), 「조소앙과 대한민국 임시정부·
삼균주의」; 정윤재(한국학중앙연구원 교수), 「대한민국 정부수립 전후 민세
안재홍의 정치활동」; 이황직(숙명여대 교수), 「위당 정인보의 삶과 조선학운
동」; 이진한(고려대 교수), 「남창 손진태의 삶과 신민족주의 사학」등이었
다. 제6회 발표는 언론인으로서 국내 최초의 언론사학자인 안재홍을 처음으
로 집중 조명하였다는 데에서 의의가 컸다.

제8회 발표는 안재홍과 함께 조선학운동을 주도한 정인보·문일평 뿐만
아니라, 이들과 대립되는 관점에서 '비판적 조선학'을 주장하였던 백남운·김
태준도 포함시켜 다루었다. 이러한 시도는 안재홍과 대척점에 선 인물들과
이들의 관점까지 연구의 시야에 넣은 포괄성과 객관성을 확보함으로써, '民
世學'을 개념 정립하는 데 한 단계 진전을 이루었다. 이 날 발표한 주제는
아래와 같으며, 〈민세학술 연구총서 005〉로 보완·편집되어 발간되었다.

(자료 Q)

- 최광식(고려대 한국사학과 교수), 「기조발제 : 1930년대 조선학운동의 의의와 21세기 한국학의 과제」
- 최선웅(순천대 지리산권문화연구원 HK연구교수), 「제1주제 : 정인보의 〈동아일보〉를 통한 조선학운동」
- 류시현(광주교대 교수), 「제2주제 : 문일평의 조선학과 한국사 서술」
- 김인식(중앙대 교양교육 교수), 「제3주제 : 1930년대 안재홍의 "조선학론"」
- 이준식(연세대 사학과 교수)[107], 「제4주제 : 조선학운동과 백남운의 사회사 인식」
- 이황직(숙명여대 교양교육원 교수), 「김태준의 조선학 구상과 한계」

이상의 학술대회에서 발표된 논문들은 수정 · 보완되어, 안재홍과 관련된 다른 연구 발표와 통합되기도 하여 다음과 같이 책자화되었다.

(자료 R)

1. 정윤재 · 박찬승 · 김인식 · 조맹기 · 박한용 공저, 『(민세연구①) 민족에서 세계로 -민세 안재홍의 신민족주의론』(봉명, 2002.07.25),
2. 한국학중앙연구원 편(정윤재 · 이진한 · 김인식 · 윤대식 지음), 『민세 안재홍 심층연구』(황금알, 2005.06.27)
3. 민세 안재홍선생 기념사업회 편(김인식 · 윤대식 · 이진한 · 이신철 · 황우갑 공저), 『안재홍의 항일과 건국사상』(백산서당, 2010.10.20)
4. 민세 안재홍선생 기념사업회 편(이철순 · 김인식 · 정윤재 · 이황직 · 이진한 공저), 『(민세학술연구총서 001) 납북민족지성의 삶과 정신』(선인, 2011.12.26)

---

107) 이준식의 소속은 주최 측의 오기로 보인다.

5. 민세 안재홍선생 기념사업회 편(윤대식 · 김인식 · 성주현 · 이현주 · 이
문원 · 정윤재 공저),『(민세학술연구총서 002) 안재홍과 신간회의 민족
운동』(선인, 2012.12.20)

6. 민세 안재홍선생 기념사업회 편(김영희 · 윤상길 · 안종묵 · 조맹기 · 박
용규 공저),『(민세학술연구총서 003) 안재홍 언론사상 심층연구』(선
인, 2013.12.30)

7. 민세 안재홍선생 기념사업회 편(김인식 · 윤대식 · 김명섭 · 성주현 · 박
철하 · 김방 · 김해규 공저),『(민세학술연구총서 004) 안재홍과 평택의
항일운동 심층연구』(선인, 2014.12.30)

8. 민세 안재홍선생 기념사업회 편(최광식 · 신주백 · 최선웅 · 류시현 · 김
인식 · 이준식 · 이황직 공저),『(민세학술연구총서 005) 1930년대 조선
학운동 심층 연구』(선인, 2015.12.30)

　　'민세 안재홍선생 기념사업회'는 인물을 홍보 · 선양하는 방법론에서, 다른
기념사업회에 비하여 '기념'이라는 주관성에 빠지지 않은 範例가 되었다. 무
엇보다도 학술대회를 열어 학문상의 성과를 축적하려는 방향성은 안재홍의
삶과 정신에 일치한다. '민세 안재홍선생 기념사업회'의 전현직 회장과 사무
국장이 사업회의 역점을, 학술서적의 간행을 통한 안재홍 정신의 정립과 보
급에 두었기에 가능한 일이었다. 이제 'DB化 事業'이 완결됨으로써, 안재홍
연구 자료가 더 풍부하게 집성되었으므로 '民世學'을 정립하기 위한 심층 연
구가 축적될 여건이 마련되었다. 이러한 학문상의 진전을 위하여, '민세 안재
홍선생 기념사업회'가 이미 추진하였던 학술대회의 방향성을 다시 정리하여
몇 가지를 제언하고 싶다.

　　첫째는 학술대회의 영역을 미개척 분야로 계속 확대해야 한다.『제6회
민세학술대회 : 언론구국(言論救國)의 국사(國士) 안재홍』과 이의 결과물인

『(민세학술연구총서 003) 안재홍 언론사상 심층연구』는 안재홍 연구 자체에 한정하여 평가하더라도, 연구의 외연을 확장하였음은 물론, 질과 수준을 현저하게 끌어올린 공적이었다. 언론인으로서 안재홍의 면모를 조명하는 작업도 아직 남은 과제이다.

둘째는 안재홍과 연계된 분야로 연구 영역을 계속 확대해야 한다. 『제5회 민세 학술대회 : 납북 민족지성의 삶과 정신』과 이의 결과물인『(민세학술연구총서 001) 납북민족지성의 삶과 정신』은 '민세 안재홍선생 기념사업회'가 안재홍에 머물지 않고, 同列의 인물을 비교·검토함으로써 안재홍을 시대사의 맥락에서 평가하려는 시도를 보였다. 『제8회 민세학술대회 : (1934 조선학운동 80주년기념) 1930년대 조선학운동 참여인물 연구』와 이의 결과물인『(민세학술연구총서 005) 1930년대 조선학운동 심층연구』는 안재홍을 주제로 삼지 않고 '조선학운동'이라는 시대상을 주제화하였다는 점에서 '民世學'의 개념을 정립해 나가는 한 단락이 되었다. 8·15해방 전후의 중간파·중도파의 개념 정립을 비롯해서, 대한민국정부 수립 후의 중도파를 포함하여, 한국사 전반에서 더 나아가 세계사에서 중도파의 개념과 실태를 추적하는 작업이 가능한지도 확인해 보았으면 한다. 오늘날의 필요성에 따르더라도, 최소한 한국 근현대사에서 중도의 개념을 확립하려는 시도는 충분히 가능하며 또한 의미 있는 작업이 되리라고 생각한다. 『(민세학술연구총서 002) 안재홍과 신간회의 민족운동』[108]과 같은 유형의 주제를 활용한다면, 식민지시기 중간파(중도파)의 개념도 도출할 수 있으리라 믿는다.

---

108) 이 저작은『신간회 창립 80주년 기념 신간회기념사업회 창립총회 및 학술대회』(일시 : 2007년 2월 15일 (목), 장소 : 한국프레스센타 19층 기자회견장, 주관 (가) 신간회기념사업회 준비위원회 / 한국학중앙연구원 세종국가경영연구소, 주최 : (사)민세 안재홍선생기념사업회 / 조선일보사 / 방일영문화재단)에서 발표한 논문들을 중심으로 엮어 발행하였다.

셋째는 안재홍의 생각·논지와 대척점에 서 있는 인물들도 계속해서 함께 조명해야 한다. 앞서도 언급한 바 있는『제8회 민세학술대회 : (1934 조선학 운동 80주년기념) 1930년대 조선학운동 참여인물 연구』는 '기념사업회'라는 명의로써 추진한 학술대회에서는 前例를 찾기 어려운 典例로 평가할 만하다. '조선학'이란 용어를 사용하고 이를 제창한 정인보·문일평이 안재홍과 同列 의 인물이라면, 백남운·김태준 등의 유물론자들은 '조선학'에 관하여는 안재 홍·정인보 등과 대척점에 서서 극단의 비판도 마다하지 않던 논자들이었다. 안재홍 연구의 범위를 '조선학운동'으로 확장하면서 이들까지 포함한 시도 는, 안재홍과 조선학운동을 시대사의 맥락에서 객관화시키려는 수준 높은 발상이었고, 공동연구의 효과를 충분히 발휘한 사례를 남겼다.

앞서 표현한 '대척점'이라는 말로써 좀더 부연하면, 안재홍을 비판하여 평 가하는 논지들을 통하여 '民世學'을 정립하는 개방성을 확보해야 한다. 제1회 학술대회의 결과물인『(민세연구①) 민족에서 세계로 -민세 안재홍의 신민족 주의론』에 게재된 박한용의 논문은 중요한 시사점을 던졌다. 필자를 포함하 여 대개의 안재홍 연구자들은, 안재홍을 긍정평가하거나 학문이라는 특성상 담담하게 서술하는 객관성에 머물렀을 뿐, 안재홍을 시대사의 앞뒤 맥락에서 비판하는 평가를 시도하지 않았다. 그러나 존경과 숭앙의 측면에서 선양만 을 실행한다면 몰라도, 미래지향의 현재성에서 民世主義와 民世學을 정립하 고자 한다면, 안재홍 전체를 객관화시켜 肯否를 모두 평가해서 재조명해야 한다. 그래야만 안재홍이 관심 가졌던 모든 영역을 포함하여, 그가 지향하였 던 모든 가치를 포괄해서 民世主義·民世學을 현재화할 수 있다. 어려운 연 구 주제이지만, 안재홍 당대에 비판론자들은 어떠한 논리로 안재홍을 비판하 였는지도 연구의 심화를 위하여 고려할 영역이라고 생각한다.

물론 모든 일에는 지속해서 기금을 조성하고 후원하는 지원처를 마련하는 등 재정 형편이 문제가 되겠지만, 좀 더 체계화된 기획으로 민세학술대회를 진행하면서, 民世主義에 기반을 둔 民世學을 정립하는 방향으로 나아갔으면 하는 바람을 가져본다. 안재홍은 한국 근현대 인물 가운데 가장 많은 저술을 남긴 사람이다. 양을 기준으로 삼더라도, 안재홍은 최남선과 우열을 겨눌 만하다. 안재홍의 저작물은 그가 생존하던 당대에서 차지하던 비중을 넘어, 이후 한국사회에도 커다란 의미를 남겼다. 최근 들어 '최남선학'이라는 용어가 나오듯이, 안재홍의 사상과 행동에 후학들의 관심이 집중되어 '민세학'의 정립도 충분히 가능하다고 확신한다.

Ⅷ. 맺는말 : 남은 과제

안재홍이 한평생 추구한 목표를 그 자신의 말로써 표현하면 '超階級的 統合民族國家'였다. 그가 살다간 정신을 다시 한 마디로 압축한다면 아마 '통합'이 아닐까 한다. 해방정국에서 좌익 세력이 '민족통일전선'을, 이승만으로 대표되는 우익 세력이 '무조건 뭉치자'고 주장하는 등 좌우익을 막론하고 모든 정치세력이 '통일'을 수없이 외쳤다. 그런데도 민족은 남북으로 분단되었고, 현재의 대한민국은 아직도 이념의 골이 깊게 패여 사회통합을 방해하는 가장 큰 장애 요인으로 작용하고 있다.

이러한 역사를 결과론에서 본다면, 해방정국에서 난무한 '통일'의 구호는 소리만 요란한 채, 이를 실천·실현할 진정성이 없었음을 반증한다. 물론 여기에는 여러 가지 원인이 있었겠지만, 오늘날 우리가 안재홍을 다시 주목하면서, 그를 통하여 우리 역사의 과거와 현재를 성찰할 필요성을 제기한다. 너나없이 '통일'을 시대의 과제로 인식하던 해방정국기에 안재홍은 '초계급적

통합민족국가'의 이상을 목표로 삼아 '통합'을 기치로 세웠다. '통일'보다 더 본질의 결합이자 화합인 '통합'을 외친 그의 선견은, 오늘날 대한민국의 현실 속에서 여전히 현재성으로 다가온다. '民世'라는 雅號 한 마디에 그의 인생이 집약되었고, 이의 지향점은 '통합'이었다. 민족 내의 '초계급적' 통합을 기반 으로 세계주의를 실현하려는 그의 이상을 요즈음의 말로 표현해 보면, 민족 통합을 바탕으로 國格을 세계화하는 일이 아닐까 한다.

북한에서 '한' 인물을 우상화하여 신격화한다고 비판하면서도, 특정 인물 을 '國父'로 표현하거나 '半神半人'으로 추앙하는 대한민국 내의 시대착오를 바라보면서 씁쓸한 마음이 든다. 어느 인물을 추앙하고 선양하는 사업이 객 관성을 잃어버리는 사례를 종종 보면서, 인물을 존경하여 표현하는 양태도 역사학의 방법론에 입각한 과학성을 요구한다는 사실을 새삼 확인하게 된다.

이번 'DB化 事業'은 한 인물의 자료를 집성한다는 차원을 넘어, 인물사를 통하여 한국 근현대사를 재조명한다는 학문성을 지향하였다. 2012년 들어 필자를 비롯한 연구자들이, 안재홍의 저작들을 全集化·DB化하려는 의욕을 표출할 수 있었던 배경을 따져 보면, 본론에서 살펴 본 功力이 축적되었기에 가능하였다. 이 과정을 단계화하여 繼起性에 주목한 이유는, 이러한 노고가 발현되는 과정을 이해해야만, 안재홍을 한국 근현대사에서 객관화시켜 평가 할 수 있기 때문이다.

천관우를 비롯하여 『選集』을 출간하는 데 헌신한 분들 모두가 '전집'을 기 대하였다. 정부기관의 일정한 지원을 받아 추진한 3년간의 'DB化 事業'이 그 러한 헌신들에 완결성으로 답해야 했는데, '아쉬움'이라고 표현해야 할 '남은 과제'가 많다. '전집'이라는 말의 무게가 완결성을 자부하는 데 부담을 주기도 하지만, 안재홍이 남긴 자료가 워낙 방대하기 때문에, 목록상으로 확인했지 만 원자료를 찾지 못한 경우를 비롯하여 누락된 자료가 아직도 있다. 3년간의 작업 기간 동안 새롭게 찾은 자료의 양을 참작한다면 적지 않은 분량일 터이므로, 미발굴 자료를 복원하는 작업은 어떠한 형태로도 계속되어야 한다.

DB化 작업 과정에서 자료의 출처를 찾고 원문까지 확보하였으나, 판독이 불가능한 경우도 많았다. 안재홍의 애초 육필 원고나 교정 원고라도 존재했다면 이를 보완했을 터인데 그렇지 못하였다. 천관우가 『選集』 전5권을 '책임 편집'하면서 저본으로 삼았던 '열댓 권' 분량의 '원고 뭉텅이'의 행방도 찾아보았으나 결국 찾지 못하였다. 지식산업사에서는 안재홍의 유족들에게 다시 반환하였는데, 유족들이 고려대 박물관에 기증한 자료에는 이미 상당수가 산실되어 버린 상태였다. 본래의 '원고 뭉텅이'가 있었다면, 전집화와 판독 등에 훨씬 진척이 있었을 터인데, 이 점은 아쉽다 못해 안타까운 심정을 못내 떨칠 수 없다.

이번 'DB化 事業'에서 시간이 좀 더 허락되었다면 욕심을 내어 실행하려한 작업이 있었다. 본래 작업은 1차 자료(안재홍이 직접 쓴 원고들)를 입력하는 데 중점을 두면서, 2차 자료(안재홍을 보도한 신문기사 등과, 안재홍이 관계한 단체 또는 관련된 사건을 포함하는 자료들)도 정리하려 했는데, 2차 자료는 안재홍이 직접 관계된 신문 기사 등의 자료를 입력하는 선에서 그치고 말았다. 이는 시간의 제약 때문에 부득이하였지만, 앞으로 안재홍 자료를 집성하려는 사업이 재추진된다면 다시 시도해야 할 과제이다. 8·15해방 후를 예로 들면, 조선국민당 → 국민당 → 한국독립당 → 신한국민당 → 민족자주연맹 → 민주독립당 등 안재홍이 관계한 정당들의 자료, 미군정 문서 등도 안재홍 연구를 위해서 필요하므로 '全集化'에 포함시켜야 한다.[109]

---

109) 이미 출간된 『白凡金九全集』에는 白凡이 남긴 1차 자료뿐만 아니라 그가 관계한 단체·사건·사안들을 포함한 2차 자료도 상당량 수록되었다. 이를테면 「대한민국

연구를 마감하면서 가장 큰 아쉬움으로 남는 과제는, 자료에 대한 설명 또는 해제를 시도하지 못하였다는 점이다. 물론 이는 작업의 성격이 DB化에 중점을 두었으므로 목표한 바는 아니었더라도, 진정한 '全集化'를 위해서는 천관우가 『選集』을 편집하면서 노고를 들인 '編者註'는 반드시 도입되어야 한다. 안재홍의 저작이 DB化에서 더 나아가 활자 형태로 전집화되어야 할 필요성이 여기서 출발한다. 천관우가 『選集』을 '책임편집'하면서 꼼꼼하게 고증하였듯이, 진정한 의미의 안재홍 전집은 '註記'를 달아 독자들의 이해를 돕는 기능을 추가해야 한다. 『選集』 6·7·8권은 출판 기한이 촉박하고, 이를 감당할 재정도 부족하였으므로 이러한 점을 충분하게 달성하지 못하였다. 이번 'DB化 事業'은 제한된 시간 동안 계획한 자료를 입력하는 데 주안점을 두었으므로, 교정을 통한 완성도에는 다소 미흡한 점이 따를 수밖에 없다. 활자화된 民世 安在鴻 全集이 간행된다면, 이를 바로잡아 완결성을 갖춘 자료를 제공할 수 있다.

'DB化 事業'이 정리·완료한 안재홍의 저작물을 '全集'이라고 이름 붙일 수는 없지만, '選集'의 수준은 훨씬 넘어섰으므로 '전집화'라고 하기에는 충분하다. 『選集』 제1권이 발간된 이후, 35년 만에 DB化의 형태로 전집화가 이루어졌다는 점에서 나름 의의를 갖는다고 자부하고 싶다. 안재홍의 저작물을 비롯해 관련 자료들이 DB로 구축되어 연구자들에게 제공된다면, 안재홍 연구를 비롯하여 한국 근현대사 연구에도 크게 기여하리라 믿는다.

이번 토대연구를 마치면서, 『選集』을 '책임편집'한 천관우의 심정을 자주 되돌아보았다. DB化 작업의 성격상 제한되어 실행할 수 없었던 '編輯者 註·

건국강령」은 대한민국임시정부 외무부장인 조소앙이 초안을 작성하였고, 몇 차례의 윤독을 거쳐 확정되었지만 草案과 크게 다르지 않았다. 그런데도 白凡이 임시정부의 주석의 위치에 있었으므로, 이 자료는 『白凡金九全集』에 실렸다.

'註解와 같은 형태의 해제 작업이 다행히 추진될 수 있다면, 그래서 활자화된 '全集化'가 달성된다면, 천관우가 애초 기대하였던 진정한 의미의 民世 安在鴻 全集이 완성되리라 생각한다. 그래야만 앞으로 새로운 자료들을 계속 발굴하여 정리해 나가면서, 『丹齋申采浩全集』처럼 『別集』으로 편집하는 방식을 통하여 『民世安在鴻全集』을 발간할 수 있으리라는 전망도 해 보았다. 그러나 이러한 사업은 개인의 공력으로는 달성하기 어렵다. 이번 'DB化 事業'은 정부기관의 지원을 받았다는 점에서, 개인의 열정과 의식 있는 단체들의 소규모 지원에 힘입어 발간된 『選集』에 비하여 작업의 속도와 질에서 커다란 진전이 있었다. 1930년대에 안재홍이 조선문화운동을 제창하면서 독지가와 유지자들의 참여를 호소한 심정을 생각하면서, 진정한 『民世安在鴻全集』이 실현되기를 다시 기대해 본다.

참고문헌

(본 참고문헌은 학술논문의 말미에 다는 통례와 달리 본문의 내용을 이해하기 편리하도록 작성하였다.)

1. 안재홍의 저작물

民世 安在鴻 先生 著, 『新民族主義와 新民主主義』(民友社, 1945.12.20).

民世 安在鴻 先生 著, 『朝鮮上古史鑑』 上卷(民友社, 1947.7.20).

民世 安在鴻 先生 著, 『朝鮮上古史鑑』 下卷(民友社, 1948.4.1).

民世 安在鴻 著, 『(新朝鮮叢書第二輯)韓民族의 基本進路』(朝洋社出版部, 1949.5).

安在鴻選集刊行委員會 編, 『民世安在鴻選集』 1(知識産業社, 1981.6.30)

安在鴻選集刊行委員會 編, 『民世安在鴻選集』 2(知識産業社, 1983.2.10)

安在鴻選集刊行委員會 編, 『民世安在鴻選集』 3(知識産業社, 1991.12.30)

安在鴻選集刊行委員會 編, 『民世安在鴻選集』 4(知識産業社, 1992.9.9)

安在鴻選集刊行委員會 編, 『民世安在鴻選集』 5(知識産業社, 1999.12.3)

高麗大學校博物館 編, 『民世安在鴻選集-日帝下 論說과 資料』 6(지식산업사, 2005. 8.15).

高麗大學校博物館 編, 『民世安在鴻選集-解放後 論說과 資料』 7(지식산업사, 2008. 3.1).

高麗大學校博物館 編, 『民世安在鴻選集-資料篇(國・英文 公文과 書翰』 8(지식산업사, 2004.10.15).

2. 본문 서술의 기초가 된 자료들

金富禮, 「나의 恨, 金富禮」(1989.9.23), 위의 『民世安在鴻選集』 4에 所收.

민세 안재홍 선생 기념사업회 발기인대회 준비위원회, 「민세 안재홍 선생 기념사업회 발기인 모집 홍보자료(팸플릿)」(1999.7.20).

「민세 안재홍 선생 기념사업회 발기인 대회(팸플릿)」[일시 : 1999년 12월 4일 (토) 15 : 00~17 : 00, 장소 : 평택시 송탄출장소 4층 대회의실, 주최 : 민세 안재홍 선생 기념사업회 준비위원회].

「독립운동가 민세 안재홍 선생 기념사업회 창립대회(팸플릿)」[일시 : 2000년 10월
　　21일 (토) 오후 3시~5시, 장소 : 평택시 북부(송탄) 문예회관 소공연장, 주
　　최 : 민세 안재홍 선생 기념사업회 준비위원회].

민현구, 천관우, 한국사 시민강좌 편집부,『한국사 시민강좌』제49집(일조각, 2011.8).

박한용, 「≪민세안재홍선집≫ 제6·7권 해제를 대신해」, 위의『民世安在鴻選集』
　　6에 所收.

安晸鏞, 「아버지와 나(遺稿)」, 위의『民世安在鴻選集』4에 所收.

안호상, 「간행사」(1978년 겨울), 위의『民世安在鴻選集』1에 所收.

宣明韓, 「(독점인터뷰 : 미망인 金富禮 여사 泣訴의 인터뷰) 民世安在鴻先生 미망
　　인의 望夫詞-북녘의 그분 遺骸, 생전에 뵈올는지」,『政經文化』통권214호
　　(京鄕新聞社, 1982년 12월호)

원경·서중석·윤해동, 「(발간사) 전집 편집작업, 그, 10여 년의 고투」, 이정박헌영
　　전집편집위원회,『이정 박헌영 전집』1(역사비평사, 2004.7).

柳永益, 「刊行辭」, 延世大學校 國際大學院 附設 現代韓國學硏究所 雩南李承晩文
　　書編纂委員會 編,『(梨花莊所藏) 雩南李承晩文書 東文篇』第一卷(中央日
　　報社 現代韓國學硏究所, 1998.8).

尹炳奭, 「편찬사」(1999.6.10), 白凡金九先生全集編纂委員會 編,『白凡金九全集』第
　　一卷(대한매일신보사, 1999.6).

李基白, 「賀序」(1985.6), 千寬宇先生還曆紀念 韓國史學論叢刊行會 編,『千寬宇先
　　生還曆紀念 韓國史學論叢』(正音文化社, 1985.12).

鄭允在, 「안재홍의 정치사상 연구-그의 신민족주의론의 형성과정을 중심으로」(서
　　울大學校大學院 政治學科 碩士學位論文, 1981.2).

鄭允在, 「安在鴻의 政治思想硏究-그의 新民族主義論을 中心으로」,『社會科學과
　　政策硏究』Ⅲ-3(서울大學校 社會科學硏究所, 1981.11).

Yoon Jae Chung., "A Medical Approach to Political Leadership : An Chae-Hong and
　　A Healthy Korea 1945-1948", Dissertation for Ph. D in Political Science
　　(University of Hawaii, Manoa, December 1988).

정윤재,『다사리국가론-민세 안재홍의 사상과 행동』(백산서당, 1999.11).

정윤재,『다사리공동체를 향하여-민세 안재홍 평전』(한울, 2002.12).

정진석,「후석 선생의 큰 발자취 : 언론인, 사학자, 민주화 투쟁의 거목」, 천관우
　　　　선생 추모문집간행위원회,『巨人 천관우-우리 시대의 '言官 史官'』(일조
　　　　각, 2011.10).

정진석,「천관우, 국사의 풍모 지닌 언론인, 사학자, 민주화운동가」,『한국사 시민
　　　　강좌』제50집(2012.2).

千寬宇,「磻溪柳馨遠 研究-實學 發生에서 본 李朝社會의 一斷面」上,『歷史學報』
　　　　2輯(歷史學會, 1952.11),『歷史學報』3輯(1953.1).

千寬宇,「나의 學問의 길」,『西江타임즈』(1976), [千寬宇,『千寬宇 散文選』(尋雪堂,
　　　　1991.12)에 所收].

刊行委員(實務) 千寬宇,「徐廷柱 先生 座下」(1977.11.15, 고려대학교박물관소장본).

千寬宇,「民世 安在鴻 年譜」,『創作과 批評』통권50호·1978년 겨울호(創作과 批評
　　　　社, 1978.12).

千寬宇,「머리말」,『近世朝鮮史研究』(一潮閣, 1979.4).

千寬宇,「解題」(一), 위의『民世安在鴻選集』1에 所收.

千寬宇,「六十自叙」,『문학사상』(1984.3)[위의『千寬宇 散文選』에 所收].

千寬宇,「六十自叙」, 千寬宇先生還曆紀念 韓國史學論叢刊行會 編,『千寬宇先生還
　　　　曆紀念 韓國史學論叢』(正音文化社, 1985.12).

千寬宇,「著者 後記」(1986.7),『韓國近代史 散策』(正音文化社, 1986.12)

한영국,「편집후기」(2007.1), 천관우,『자료로 본 대한민국 건국사』(지식산업사,
　　　　2007.6).

韓國思想史學會, 千寬宇先生追念論叢刊行委員會 共編,「千寬宇先生 略年譜」,『千
　　　　寬宇先生 追念論叢 : 韓國思想史學』4·5合輯(韓國思想史學會, 1993.12).

3. 민세기념사업회의 성과물

정윤재·박찬승·김인식·조맹기·박한용 공저,『(민세연구①) 민족에서 세계로
　　　-민세 안재홍의 신민족주의론』(봉명, 2002.7.25).

한국학중앙연구원 편(정윤재·이진한·김인식·윤대식 지음),『민세 안재홍 심층
　　　연구』(황금알, 2005.6.27).

민세 안재홍선생 기념사업회 편(김인식·윤대식·이진한·이신철·황우갑 공저),
　　『안재홍의 항일과 건국사상』(백산서당, 2010.10.20).

민세 안재홍선생 기념사업회 편(이철순·김인식·정윤재·이황직·이진한 공저),
　　『(민세학술 연구총서 001) 납북민족지성의 삶과 정신』(선인, 2011.12.26).

민세 안재홍선생 기념사업회 편(윤대식·김인식·성주현·이현주·이문원·정윤
　　재 공저),『(민세학술 연구총서 002) 안재홍과 신간회의 민족운동』(선인,
　　2012.12.20).

민세 안재홍선생 기념사업회 편(김영희·윤상길·안종묵·조맹기·박용규 공저),
　　『(민세학술 연구총서 003) 안재홍 언론사상 심층연구』(선인, 2013.12.30).

민세 안재홍선생 기념사업회 편(김인식·윤대식·김명섭·성주현·박철하·김
　　방·김해규 공저),『(민세학술 연구총서 004) 안재홍과 평택의 항일운동
　　심층연구』(선인, 2014.12.30).

민세 안재홍선생 기념사업회 편(최광식·신주백·최선웅·류시현·김인식·이준
　　식·이황직 공저),『(민세학술 연구총서 005) 1930년대 조선학운동 심층
　　연구』(선인, 2015.12.30).

4. 학술논문

姜龍三·李京洙 編著,「第109章 在日實業界의 巨星 安在祜」,『大河實錄 濟州百年』
　　(泰光文化社, 1984,11).

고광명,「재일(在日)제주인 기업가 古堂 安在祜 연구」,『日本近代學硏究』第34輯
　　(韓國日本近代學會, 2011.11).

문창로,「千寬宇(1925~1991)의 史學과 古代史硏究」,『韓國古代史硏究』53(한국고
　　대사학회, 2009.3).

김인식,「한국근현대인물평전의 略史와 전망」,『中央史論』第39輯(中央史學硏究
　　所, 2014.6).

김인식,「1930년대 안재홍의 '조선학'론」,『韓國人物史硏究』제23호(한국인물사연
　　구소, 2015.3).

민세 안재홍 기념사업의 성과와 과제

황우갑 (숭실대 CR글로벌리더십연구소 선임연구원)

'사후 100년을 돌이켜 자기를 바라보라'
- 민세 안재홍 -

I. 머리말

민족운동가 민세 안재홍(1891~1965)은 독립운동가로, 언론인으로, 사학자로, 정치가이자 정치사상가로, 문필가로 일제강점기와 해방공간에 걸쳐 분야마다 두루 업적을 남긴 인물이다. 1998년 '한국사 천년을 만든 100인'에 선정됐고[1] 1999년에는 '100년을 밝힌 9인의 지성인'에 오르기도 했다.[2] 아직도 일반인 대상 조사라면 안재홍을 아는 사람은 극히 드물다. 그러나 안재홍은 20세기 한국 지성사 발전에 중요한 역할을 한 인물이다. 그는 1934년 〈조선학운동〉의 선구자로서,『조선상고사감』,『조선통사』를 집필하며 한국 고대사 연구에 힘썼다. 해방 이후에는 '신민족주의와 신민족주의'를 주창하며 신생 대한민국과 한민족이 나갈 방향을 제시했다. 그렇기에 그의 지적 활동은 각

---

[1] 김성환, '한국사 천년을 만든 100인', 오늘의책, 1998.
[2] 〈한겨레 21〉 1999년 4월호, 여기에서 안재홍은 유길준, 신채호, 이광수, 백남운, 홍명희, 김창숙, 박종홍, 장준하와 함께 9인에 선정됐다.

기 해당 분야 학자들의 학술 연구를 통해 한국 지성사 발전의 중요한 성과로
평가되고 있다.

일찍이 사학자 천관우는 안재홍의 삶을 한마디로 가리켜 높은 절개를 지
닌 국가의 선비 - 즉 '고절(高節)의 국사(國士)'라고 평가했다. 천관우는 일제
강점기 말에 서울 모처에서 피신 중이던 안재홍과 직접 만나 한국고대사 연
구의 중요성을 깨우침 받고 해방 후 지사형 언론인이자, 고대사연구에 일가
를 이룬 사학자로 활동했던 언론인이다. 그는 1978년『창작과 비평』겨울호
에「안재홍 연보」를 발표했다. 이후 안재홍 연구의 기초를 놓은 천관우의
뒤를 이어 여러 후학들이 안재홍 연구를 심화시켰다.

한국 지성사와 선비정신의 근대적 흐름 속에서 안재홍의 민족주의 역사인
식을 우리 현실에 맞는 정치이념으로 새롭게 창조해야 우리 문제를 해결할
수 있는 주체적 태도로 인식했다고 보는 시각[3], 안재홍의 민세주의와 다사리
이념이 21세기 대한민국의 미래 정치좌표에 시사하는 바가 큰 보편가치와
열린민족주의·실질적 민주주의의 준거를 제시하고 있다고 보는 평가[4], 안
재홍은 한민족의 역사적 과업인 민족해방과 민족독립국가를 이뤄내기 위하
여 순정우익의 진보민족주의 세력 결집에 힘썼다는 주장[5], 한국의 민족주의
를 국제주의, 계급주의와 관련해서 끊임없이 고민하였고, 20세기 한국민족주
의자들 가운데 안재홍만큼 한국 민족주의를 이론적으로 발전시킨 인물을 찾
아보기 어려울 것이라는 평가[6], 1930년대 중반 안재홍 등이 주도한〈조선학
운동〉은 일제의 파시즘 체제가 강화되는 시점에서 자주적인 근대민족국가의

---

3) 한영우,『한국선비지성사』, 지식산업사, 2011, 442쪽.
4) 정윤재,『다사리공동체를 향하여』, 한울, 2003, 212쪽.
5) 김인식,『안재홍의 신국가건설운동』, 선인, 2005, 258쪽.
6) 박찬승,『민족주의의 시대』, 경인문화사, 2010, 258쪽.

내재적·자력적 사상의 기반을 찾으려는 노력[7]이라는 평가 등이 대표적이다.

안재홍은 몇 개의 '좌우명'을 마음에 새기고 실천했다고 술회하고 있다. 1936년 4월 잡지『조광』에 실린[8] '나의 경구(警句)' 등에는 안재홍이 어떤 마음으로 자신을 다스리고 치열하게 시대의 과제에 맞서고 해결하려 했던가를 조금이나마 엿볼 수 있다. 안재홍은 스스로 인생 생활 태도로 '힘껏, 마음껏, 재주껏'을 다짐했다. 책읽기에 대한 태도는「독서개진론」,「책읽기와 칼갈기」등의 글을 통해 항일운동의 실천으로 '일생을 일하고 일생을 읽으라'고 강조했다.

안재홍은 '사후에 백년 가서 돌이켜 바라보라'며 아름다운 과거를 만들기 위해 헌신한 뛰어난 역사의식의 소유자이다. 어떤 일을 하든 '중심에 들거나 그만 두거나'의 자세로 분야마다 '일기(一技)·일가(一家)·일업(一業)'을 중시했다. 일제강점기 민족의 절대독립과 해방 후 통일민족국가 수립을 위해서 모두가 '각길로' 가되 민족 내부의 단결을 위해 '한곳'으로 모여야 한다고 호소했다. '민중의 세상'에서 시작되어 1930년대 '민족에서 세계로'라는 복합적 의미로 확장 발전된 '민세(民世)'라는 아호처럼 '늘 민중과 함께 가라, 즉 민중의 일을 함께하도록 하라'며 백성 중심으로 살고자 노력했다.

1999년 4월 17일 〈평택시민아카데미〉 '제2회 민세강좌'에 김인식 박사를 초청하여 '안재홍의 생애와 사상'이라는 주제로 강연을 들으며 뜻을 모아, 1999년 12월 4일 창립발기인대회를 거쳐 2000년 10월 21일 창립한 〈민세안재홍기념사업회〉가 2016년으로 사업을 시작한지 16년이 되었다. 〈안재홍기념사업회〉는 평택에 사무소를 두고 국가보훈처·평택시·조선일보 등의 적극적인 관심·지원 속에 평택출신 항일 역사 인물에 대한 재조명과 다양한 교

---

7) 이지원,『한국근대문화사상사 연구』, 혜안, 2007, 341쪽.
8) 안재홍,『민세안재홍선집 5』, 지식산업사, 1999, 75쪽.

육문화사업을 통해 민세의 정신을 국가와 지역사회에 일깨우는 데 꾸준하게 노력해왔다.

역사인물 기념사업은 약간이라도 방향을 잘못 정하면 특정인물에 대한 우상화로 흐를 수 있는 위험요소가 있다. 또한 관련 역사인물의 정신을 선양·홍보하는 본래의 창립목적은 사라지고 염불보다 잿밥에 더 관심이 커 사회적 문제를 일으키는 경우도 있다. 특히 오늘날 우리 사회에서 역사인물 기념사업은 '기억과 전승'이라는 두 가지 창립 사업목적 가운데 특히 일방적 '기억'에 치중하는 경향이 강하다. 이로 인해 특정인물에 대한 꾸준하고 냉정한 학문적 평가 없이 단편적이고 긍정적인 평가 자료에 기초한 '자극적인 기념사업'을 선호하는 측면도 강하다. 이런 특성은 역사인물기념사업의 목적이 '과거의 기억을 복원하고 미래 세대에 올바로 전승'해가는 데 커다란 장애요소가 된다. 역사인물 기념사업은 초기에는 제대로 된 인물관련 '기억'의 발견에 치중할 수밖에 없다. 그래야 아름다운 과거가 올바로 복원되기 때문이다. 제대로 '기억'하지 못하면 결국 제대로 '전승'할 수 없기 때문이다. 그러나 역사인물 기념사업은 일정한 시간이 지나면 그 역사인물이 꿈꾸었던, 혹은 못다한 생각들을 후대가 실천하기 위한 '전승' 작업에 힘써야 한다. 이를 통해서 특정 역사인물의 기억과 그 정신이 후대 사람들의 내면에 올바르고 제대로 자리 잡을 수 있기 때문이다.

우리 사회는 해방 이후 지난 70년 동안 분단과 전쟁의 격랑 속에 산업화·민주화·정보화라는 근대화 과정을 숨 가쁘게 거쳐 왔다. 그러나 정치·경제적 이유로 식민 의식의 과감한 청산에 노력하지 않았다. 또한 후세에 모범이 될 민족지도자의 삶을 올바르게 기억하거나 그들의 생각을 제대로 전승하는 일에 상당히 소홀해왔다. 해방 직후 꼭 했어야 할 친일파 청산 작업의 실패도 그렇고, 역대 대통령들의 불행에서 보듯 '민족지도자상' 정립에도 어려움을 겪어왔다. 일제강점기 때 9번에 걸쳐 투옥의 수난을 당한 안재홍과 같은 인물이 사후 훨씬 늦게 조명받기 시작한 것도 역사의 아이러니가 아닐 수 없다. 2015년 여름 개봉한 영화 '암살', 2016년 가을 개봉한 '밀정'을 통해서 항일운동의 역정이 세간에 관심을 끌게 된 안재홍의 중앙학교 시절 제자였던 〈의열단〉의 김원봉과 같은 인물은 서훈조차 안됐다. 이 밖에 조국의 독립을 위해 헌신했던 인물 가운데 적지 않은 분들이 아직도 제대로 조명조차 받지 못한 경우가 허다하다.

역사인물 기념사업은 크게 3가지 큰 흐름에서 추진하는 것이 일반적이다. 첫째, 관련 역사인물의 자료를 정리하는 일이다. 이는 기념사업회의 창립 목적사업이다. 우선 해당 역사인물의 생애 전반에 대한 기초적인 사료발굴과 정리를 해나가야 한다. 또한 학계의 참여 속에 생애에 대한 냉정한 평가를 하는 꾸준한 학술연구사업이 지속되어야 한다. 〈안재홍기념사업회〉도 지난 16년간 20여회가 넘는 학술대회 추진, 10권이 넘는 안재홍 관련 자료 출간, 1970년대 중반 천관우 선생의 주도로 2000년까지 나온 『민세선집』 1~5권 발간, 2004년 고려대 박물관의 『민세선집』 6~8권 발간과 민세연구 전문가가 참여한 〈한국학중앙연구원〉의 '안재홍 전집 자료집성' 사업 등을 직간접적으로 지원했다.

둘째 역사인물 기념사업은 그 인물이 가지는 정신의 현재적 의미를 성찰하고 미래에 계승하기 위한 다양한 기념사업을 추진한다. 〈안재홍기념사업회〉도 그동안 3·1 추모식, 기획전시회, 백두산 등척기념사업, 민세강좌, 조찬다사리포럼, 민세상 시상 등 다양한 기념사업을 실천해왔다.

셋째, 상징사업으로 기념비, 기념관 혹은 기념공원 등을 건립하는 일이다. 〈안재홍기념사업회〉는 2009년 10월 천안독립기념관 경내에 '민세어록비'를 건립했다. 향후 〈경기도〉, 〈한국토지주택공사〉, 〈평택시〉 등이 참여하는 평택

〈고덕국제신도시〉 내 3단계 지구에 '안재홍역사공원' 건립도 추진 중에 있다.

이 글에서는 지난 16년간 추진한 안재홍기념사업회의 성과를 정리하고 향후 기념사업의 발전을 위한 과제를 제시하려고 한다. 이를 위해 먼저 우리나라 국가보훈정책의 변화와 독립운동가 기념사업의 특징을 서술하고, 안재홍기념사업회가 활동을 시작한 1999년부터 2015년까지 매년 추진했던 주요 사업성과 등을 정리한다. 그리고 기념사업회 활동의 분야별 성과를 요약하고 앞으로 사업회 발전을 위해서 검토해야할 대안도 제시하려고 한다.

아직 국내에서는 항일역사인물 기념사업의 추진 성과 사례를 정리한 자료가 거의 없는 실정이다. 최근 들어 항일운동가 관련 인물기념사업회가 조금씩 늘고 있으나 아직도 경제적 여건 등으로 추모식이나 학술행사 정도에 사업 영역이 국한된 경우가 많다. 개인심리학의 창시자 아들러 연구의 권위자 기시미 이치로는 이렇게 지적했다.

> 이미 세상을 떠난 사람은 공헌할 수 없을까? 그렇지 않다. … 후세 사람은 앞서 살다간 망자를 기억하며 그 사람의 생애에서 배울 수 있다. 설령 큰 실의에 빠졌을지라도 그가 자신과 똑같은 고난을 극복했다는 사실을 앎으로써 삶의 의욕을 되찾을 용기를 얻을 수 있다.[9]

우리 시대에 항일민족운동가들의 삶을 재조명하는 기념사업이 필요한 이유를 생각해보게 하는 대목이다. 올바른 지도자상을 찾기 힘든 시대를 살면서 삶의 의욕을 되찾게 하는 '용기'가 더욱 그리운 시대이다. 시대의 선구자로 살면서 절대독립과 민족통일에 헌신한 한국 근현대사의 거인 안재홍이 실천한 과거의 '용기'로부터 우리는 미래를 살아내는 '용기'를 배울 수 있을 것이다.

[9] 기시미 이치로, 『늙어갈 용기』, 글항아리, 2015, 344쪽.

II. 〈안재홍기념사업회〉 창립 배경과 주요활동

1. 국가보훈정책과 독립운동가 기념사업회의 활동 현황

국가보훈정책은 국가가 어려운 상황에 처해 있을 때 국가의 안위를 위해 희생한 개인에 대한 추모, 명예회복 및 유지, 유족에 대한 예우 등을 목적으로 하는 정책이다. 선진국 특히 미국의 경우에는 보훈 관련 부서가 예산 규모 면에서 상위에 있다. 한국의 경우 1945년 이후 독립유공자 등에 대한 지원이 제대로 이루어지지 못했다. 1961년 이후 '원호정책'이라는 이름으로 정부 지원이 시작됐고 2005년에서야 〈국가보훈기본법〉이 제정돼 아직도 여러 측면에서 부족한 점이 많다.

정부의 보훈정책은 1960년대 이후 줄곧 독립유공자, 전몰군경, 상이군경 등에 대한 물질적 지원을 위한 시혜적 보상을 중심으로 추진되어왔다. 그러나 1990년대 이후 한국경제의 성장과 사회적 인식의 변화에 따라 보상중심에서 국가유공자의 명예로운 활동을 널리 알리는 상징적 보훈정책의 중요성이 갈수록 커지고 있다. 특히 1990년대 중반이후 지방자치제 실시에 따라 각 지방자체단체는 지역의 정체성을 찾고 지역의 특산물·인물·축제 등을 통해 자기지역을 홍보하는 도시마케팅을 강화하고 있다. 이에 따라 보훈 관련 인물에 대한 재인식과 선양사업이 다양한 형태로 나타나고 있다.

상징적 보훈정책은 공동체 발전의 정신적 가치를 창출하여 기억의 정치, 즉 특정한 기억들을 효과적으로 조직, 관리하는 것을 의미한다. 이를 위해 〈국가보훈처〉는 항일운동 인물 기념관 또는 조형물의 설치를 지원하고 현충 시설 활성화 사업으로 항일운동의 역사적 장소를 다양한 형태의 현장교육에 활용하여 사회통합과 국민통합을 위한 정신적 자산으로 활용하고 있다.

시혜적 보훈정책에서 상징적 보훈정책으로의 정책 변화는 국가보훈처의 조직 개편에도 반영되고 있다. 과거 기념사업국이 보훈선양국으로 그 명칭이 국가유공자의 보훈정신 선양 중심으로 바뀌었다. 담당 부서도 보훈선양 정책 전반을 관장하는 선양정책과, 기념행사와 기념사업의 지원을 담당하는 기념사업과, 독립유공자 발굴 포상을 담당하는 공훈심사과, 독립운동과 국가 수호 및 민주화운동 기념시설의 관리와 지원을 담당하는 현충시설과, 나라사랑교육과로 크게 확대되었다. 국민 전반의 국가유공자와 그 공훈 선양정책에 대한 관심이 증대됨에 따라 국가 상징기구로 국가보훈처의 존재 가치가 격상된 결과이다.

이와 함께 〈국가보훈처〉 관장 기구도 늘었다. 우선 독립운동 선양 및 독립정신 교육도장인 〈독립기념관〉이 2005년 국가보훈처 산하기관으로 이관된 데이어, 2006년 국가유공자 안장 시설인 국립대전현충원이 직속기관으로 편입되었다. 나아가 이들 기구 모두 보훈선양국에 소속되어 국가보훈정책의 추세가 물질 보상에서 정신 선양으로 크게 바뀌고 있음을 상징적으로 보여준다.

일제 강점을 거쳐 남북 분단과 전쟁, 산업화와 개발독재를 거치면서 한국의 경우 보훈대상자는 크게 '독립', '호국', '민주'라는 이질적 요소가 혼재되어 있어, 보훈 대상자 간의 통합도 절실하다. 특히 호국과 민주라는 요소는 각각 보수와 진보라는 두 개의 사회이념 흐름과 연관돼 있어 관련 보훈단체 상호간 소통의 어려움을 크게 만들고 있다. 여기에 '독립'이라는 요소가 호국과 민주 요소사이에서 두 흐름의 갈등을 통합할 수 있는 근간으로서 중요성을 지니고 있다. 이는 독립운동가들의 삶에 대한 조명과 홍보가 한국사회에서 이념·지역·계층·세대간 갈등 해소에 수단이 될 수 있는 중요한 가치가 될 수 있다는 것을 시사한다.

〈그림 1〉은 2015년 나라사랑의식지수를 조사한 것이다.[10] 평균 78.1점으

로 조사되어 전년도와 유사한 수준이다. 나라사랑의식지수를 응답자 특성별로 살펴보면, 50대, 60대 이상의 고연령층의 나라사랑지수가 비교적 높게 나타나고 있으며, 20, 30대 연령층은 나라사랑지수가 낮게 나타남을 알 수 있다. 청소년 등 젊은 세대에게 나라사랑의 소중함을 일깨우기 위한 다양한 노력이 필요함을 알 수 있다.

〈그림 1〉 2015년 나라사랑 의식지수 및 자기평가 (국가보훈처, 2015)

(단위: 점)

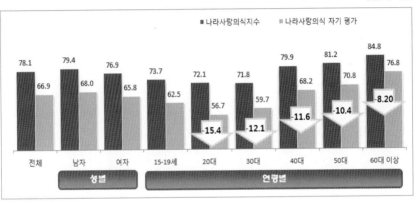

나라사랑 교육과 관련해서 항일인물 기념사업은 국가보훈정책의 중요한 기반이다. 60년대 이후의 보훈정책이 호국선양사업과 제대군인 지원에 치우친 점이 있고, 특히 호국선양사업의 경우에는 좌우의 이념대립 속에서 선양사업에 제한적인 측면이 있다. 앞서 언급한 것처럼 독립운동인물기념사업은 좌우를 떠나서 보편적 공감을 받을 수 있기에 앞으로 항일인물기념사업에 대한 재조명은 중요한 의미를 지니고 있다고 할 수 있다.

그러나 독립운동 관련 기념사업에 대한 관심이 크지 않은 것이 현실이다. 우리나라 독립유공자 포상현황은 2016년 8월 15일 현재 〈표 1〉과 같다.

---

10) 국가보훈처, 『2015년도 나라사랑의식 조사 지수 조사보고서』, 리서치&리서치, 2015.

〈표 1〉 독립유공자 포상현황 (국가보훈처, 2016.8.15)

주관기관	연도별	합 계	건 국 훈 장						건국포장	대통령 표창
			소 계	대한민국장	대통령장	독립장	애국장	애족장		
합 계		14,564(68)	10,649(65)	30(5)	93(11)	823(35)	4,230(3)	5,473(11)	1,176(3)	2,739
문교부('49-'62)		218(14)	218(14)	21(1)	59(1)	138(12)				
총무처('63-'76)		373(30)	337(30)	6(4)	13(9)	318(17)				36
국가보훈처	계	13,973(24)	10,094(21)	3	21(1)	367(6)	4,230(3)	5,473(11)	1,176(3)	2,703
	1977	104(2)	87(2)	1	2(1)	84(1)			5	12
	1980	35(2)	31(2)		1	30(2)				4
	1982	18	7		1	6			1	10
	1983	4	3			3			1	
	1986	7	7		1	6				
	1987	2	2			2				
	1988	1	1			1				
	1989	12	12	2	7	3				
	1990	3,617	3,617		2	50	857	2,708		
	1991	1,117	1,117				1,059	58		
	1992	595	135			7	31	97	47	413
	1993	385	168			9	44	115	72	145
	1994	26	26			3	8	15		
	1995	1,441	1,072		4	95	544	429	105	264
	1996	277(2)	198(2)		1	12(1)	131	54(1)	24	55
	1997	125	49			4	13	32	56	20
	1998	158	118		1	5	83	29	17	23
	1999	174(4)	111(4)			2(1)	66(1)	43(2)	18	45
	2000	157	102			2	57	43	16	39
	2001	111	84			1	51	32	13	14
	2002	208	126			3	56	67	21	61
	2003	206	142			1	103	38	30	34
	2004	149(1)	41(1)			1	21	19(1)	24	84
	2005	569	225		1	8	134	82	102	242
	2006	525	228			5	66	157	79	218
	2007	349	190			2	33	155	40	119
	2008	427	191			2	67	122	91	145
	2009	367	239			3	128	108	41	87
	2010	501(1)	287(1)			7	130	150(1)	65	149
	2011	526	307			2	115	190	83	136
	2012	318	183			1	50	132	45	90
	2013	311	197			1	56	140	42	72
	2014	341(1)	266(1)			4(1)	111	151	30	45
	2015	510(10)	326(7)			2	130(2)	194(5)	74(3)	110
	2016	300(1)	199(1)				86	113(1)	34	67

* ( ) 외국인포상.

이 가운데 대한민국장은 내국인이 30명, 대통령장은 93명이며 독립장은 823명이다. 전체적으로는 14,564명이나 아직도 미발굴 독립운동가가 상당히 많은 것으로 알려져 있다.

독립운동인물 기념사업의 대상은 대체로 건국훈장 〈독립장〉 서훈 이상인 경우가 많다. 2015년 말 현재 〈국가보훈처〉 소관 보훈관련 비영리 법인은 총 135개이며 항일운동 역사인물 관련 기념사업 활동을 하고 있는 곳은 67개 정도로 전체의 50% 정도이다. 그러나 이 가운데도 항일역사인물의 정신을 알리기 위해 추모, 학술연구, 교육문화, 기념시설 건립 등 적극적으로 다양한 기념사업을 전개하고 있는 단체는 10여개 단체에 불과하다. 대부분의 기념사업회는 재정적 여건 등의 어려움으로 항일운동가의 추모식 거행이나 관련 자료 발간 정도로 사업 범위가 제한된 경우가 대부분이다.

독립운동 인물 관련기념사업이 부진한 이유는 첫째 실무인력이 부족한 경우가 많다. 기념사업을 실제 책임 있게 운영할 있는 실무인력은 조직의 활동력을 높여주는 첫 번째 조건이다. 그러나 현재 상당수의 독립운동 인물 관련 기념사업회 대부분이 60~70대 연령으로 이사진 구성이 이루어지다보니 운영에 활력을 잃기가 쉽다. 둘째로 기념사업을 추모 사업 중심으로 전개하다보니 추모식 거행, 전기발간, 세미나 개최 등 1차적 기념사업에 집중하거나 재정적 이유 등으로 대중성이 강한 시민교육문화사업이나, 기획사업 또는 연대사업 등을 추진해나가지 못하고 있다.

셋째, 관련인물과 지역사회와의 네트워크 부족으로 기념사업 지원 유지 후원의 폭이 좁다는 점이다. 지방자치단체와의 효율적인 역할 분담과 예산 지원을 통해 다양한 사업 전개가 가능함에도 이에 대한 정보가 부족한 경우도 많다. 2005년 〈국가보훈기본법〉 제정으로 독립운동 관련 인물에 대한 지자체 지원의 법적 근거가 생겼으나 관련 내용을 잘 모르는 경우도 많다.

넷째, 기념사업을 해당 인물에 대한 선양을 중심으로 진행하는데서 오는 새로운 사업 소재의 부재도 크다. 인물과 관련한 사건, 함께 활동했던 인물들에 대한 선양, 타기념 사업에 대한 협조와 지원 등을 통해서 각 인물기념사업회가 동시에 성장해 나갈 수 있는 인식의 전환과 연대가 절실하다. 이런 준비가 없다보니 자생력이 부족해 창립 이후 거의 활동을 하지 못하고 명맥만을 유지하는 경우도 많다. 특히 독립운동 기념사업 활성화를 위해서는 상징공간으로 〈기념관〉 건립도 중요하다. 공간이 있어야 인력과 프로그램이 만들어 질수 있다. 현재 〈국가보훈처〉 등록 인물사업회 가운데 기념사업 활성화의 공간적 상징이라고 할 수 있는 기념관을 갖고 있지 못한 단체가 대부분이기에 향후 기념시설, 기념관 기념공원 건립 등의 노력이 계속되고 관련 기관 단체에 지원이 늘어날 수 있는 방안을 검토해나가야 할 것이다.

앞서 언급한 것처럼 〈국가보훈처〉는 2005년 〈국가보훈기본법〉을 제정하고 향후 전 국민이 참여하고 공감하는 국가보훈 정책의 기본방향을 정립했다. 이 법의 제정은 국가보훈관련 단체 및 비영리 법인 등에 대한 지원의 법적 근거를 제공했을 뿐 아니라 종래 국가보훈정책이 보훈 대상자에 대한 시혜적 보상 위주였다면 향후에는 보훈 대상자의 명예를 국민들에게 널리 알리고 후손들에게 자부심을 주는 방향으로의 정책 전환을 의미한다.

〈국가보훈기본법〉의 주요골자는 국민, 국가와 지방자치단체의 책무를 강화하고, 다양한 공훈 선양사업의 추진근거와 공공기관, 민간단체 등에 대한 지원을 강화하는 것이다. 또한 공항·항만·도로, 거리·광장·공원 등에 희생자·공헌자의 이름과 명칭을 부여하며, 기타 다양한 시설물의 설치가 가능하도록 법적 근거를 명시하고 있다. 〈국가보훈기본법〉의 주요 조항을 정리하면 아래 〈표 2〉와 같다.

〈표 2〉〈국가보훈기본법〉의 주요 내용 (국가보훈처, 2005)

조항	법규 내용
제5조 (국가와 지방자치단체의 책무)	① 국가와 지방자치단체는 희생·공헌자의 공훈과 나라사랑정신을 선양하고, 국가보훈대상자를 예우하는 기반을 조성하는 데 노력하여야 한다. ② 국가와 지방자치단체는 제2조의 규정에 의한 기본이념을 구현하기 위하여 필요한 시책을 수립·시행하여야 한다.
제23조 (공훈선양사업의 추진)	① 국가와 지방자치단체는 희생·공헌자의 공훈과 나라사랑정신을 선양하기 위하여 다음 각 호의 사업을 추진하여야 한다. 1. 추모사업 및 기념사업2. 희생·공헌자의 공훈과 나라사랑정신을 선양하기 위한 시설(이하 "공훈선양시설"이라 한다)의 설치·관리 3. 국민의 나라사랑정신 함양교육4. 국가보훈대상자의 위로 및 격려 5. 그 밖에 희생·공헌자의 공훈과 나라사랑정신을 기리는 사업 ② 국가와 지방자치단체는 제1항의 규정에 의한 사업을 공공기관·민간단체 등과 공동으로 추진하거나 위탁하여 시행할 수 있다. 이 경우 공공기관·민간단체 등에 대하여 재정적·행정적인 지원을 할 수 있다.
제25조 (기념일·추모일 지정 등)	① 국가와 지방자치단체는 희생·공헌자와 관련된 특정지역·시기·사건 등과 연계하여 기념일 또는 추모일을 지정하고 희생·공헌자를 기리는 각종 관련 행사를 실시할 수 있다. ② 국가와 지방자치단체는 희생·공헌자의 공훈과 나라사랑정신을 기리기 위하여 필요하다고 인정하는 때에는 공항·항만·도로·거리·광장·공원·철도역 및 지하철역 등에 대하여 희생·공헌자의 이름 등을 명칭으로 부여할 수 있다.
제26조 (공훈선양시설의 건립 등)	① 국가와 지방자치단체는 희생·공헌자의 공훈과 나라사랑정신을 기리기 위하여 희생·공헌자와 관련되는 건축물·조형물·사적지나 일정한 구역 등에 대하여 관계 법령이 정하는 바에 따라 공훈선양시설로 지정하여 보존할 수 있다. ② 국가와 지방자치단체는 희생·공헌자의 공훈과 나라사랑정신을 기리기 위한 기념관·전시관·조형물의 건립을 위하여 노력하여야 하고, 공공기관 등의 주요 건축물 등에 희생·공헌자의 흉상 등 상징물을 설치하도록 권장할 수 있다. ③ 국가와 지방자치단체는 제1항의 규정에 의하여 공훈선양시설로 지정하여 보존하거나 제2항의 규정에 의하여 기념관·전시관·조형물을 건립할 경우 희생·공헌자의 이름 등을 명칭으로 부여할 수 있다. ④ 국가보훈처장은 민간단체 등이 제2항의 규정에 의한 기념관·전시관·조형물 또는 상징물 등을 건립하거나 설치하는 경우에는 국가보훈관계 법령이 정하는 바에 따라 그 건립에 소요되는 비용의 일부를 보조할 수 있다.

〈국가보훈기본법〉의 제정으로 국가차원에서 독립운동 관련 역사인물 선양에 대한 법적 근거가 마련되었다. 독립운동 기념사업의 필요성에 대한 근거가 만들어지고 국가와 지방자치단체의 의무를 규정하여 향후 기념사업의 활성화에 많은 도움을 줄 것으로 예상된다. 특히 2016년부터 시행하고 있는 〈지방재정법〉은 지방자치단체가 민간단체에 예산을 지원할 때 지원의 법적 근거를 명시하도록 하고 있다. 항일독립운동관련 기념사업단체는 이 법에 의해 지원받을 수 있는 근거를 가지게 되었다. 특히 제26조에 '제2항의 규정에 의하여 기념관·전시관·조형물을 건립할 경우 희생·공헌자의 이름 등을 명칭으로 부여할 수 있다'고 명시한 점과 '국가보훈처장은 민간단체 등이 제2항의 규정에 의한 기념관·전시관·조형물 또는 상징물 등을 건립하거나 설치하는 경우에는 국가보훈관계 법령이 정하는 바에 따라 그 건립에 소요되는 비용의 일부를 보조할 수 있다'고 명시한 것은 기념시설 건립 등을 통한 항일운동 인물 선양관련 상징적 보훈정책 활성화에 기여할 것이다.

2. 〈안재홍기념사업회〉 창립 배경

1999년 4월 창립 준비를 위해 첫 모임을 시작한 〈안재홍기념사업회〉 창립 배경은 크게 세 가지 측면에서 생각해볼 수 있다.

첫째, 노태우 정부시절인 1989년 3월 1일 대한민국 정부는 독립운동가 안재홍에게 사후 24년 만에 '건국훈장 대통령장'을 수여한다. 1970년대 후반부터 천관우 선생과 함께 『안재홍 선집』 간행에 힘써온 〈지식산업사〉 김경희 사장의 증언에 의하면 안재홍에 대한 복권과 서훈은 노태우 정부시절 뜻있는 후학 가운데 〈독립기념관 한국독립운동사 연구소〉 소장을 지낸 조동걸 국민대 교수가 당시 김학준 청와대 대변인 등에게 건의해서, 안재홍의 기일인 3월 1일에 이루어진 것이라고 한다. 이 복권과 서훈으로 안재홍 선생 부인 김부례 여사가 경제적 어려움을 해소하는 데 크게 도움이 되었다.[11] 이 때 안재홍은 함께 납북된 조소앙 등과 함께 서훈을 받았으며 1950년 납북 이후 40여 년 만에 한국사회에서 재조명의 기회를 갖게 된 것이다.

정부가 인정한 공식적인 복권은 이전까지 안재홍의 납북으로 어려움에 처해있던 가족들에게도 기쁨이었다. 일제강점기와 해방 공간에서 부친 안재홍의 옥바라지를 도운 장남 안정용이 이른 나이인 1970년에 타계하고 유족들은 아이러니하게도 가난과 거주 이동시 감시 속에 복권의 그날까지 고통 속에서 살아야했다. 맏자부 김순경씨는 도봉구 상계동 산비탈에 움막을 짓고 생활했다. 하루 두 끼로 끼니를 때우고 행상, 삯바느질, 월간잡지 배달 등으로 생활비를 벌고 이후 일본어 개인교습과 번역과 강사 생활로 자식들을 키웠다. 1965년 3월 9일 서울 진명여고 삼일당에서 옛 동지들이 모여 '유해 없는 9일장' 이후 시아버지 제삿날에 찾아주는 사람도 없었다.[12]

6·25전쟁의 또 다른 비극인 재북 인사 가운데 확실한 '납북'인사로 볼 수 있는 안재홍에 대한 복권은 공식적으로 안재홍 추모 혹은 기념사업이 가능할 수 있는 근거를 만들었다. 기념사업 발족 초기에 유족들의 증언에 의하면 1980년대 초부터 안재홍에 대한 기념사업 추진이 두 차례 정도 있었다고 한다. 안재홍이 몸담았던 〈조선일보〉를 중심으로 평택에 민세동상을 세우는 작업을 추진했던 적도 있었다고 한다.

평택 출신 국회의원으로 안중근 의사 독립운동 재조명에도 관심이 많았던 작고한 지역국회 의원도 아직 민세가 복권되기 전인 1980년대 초부터 복권을 위해 기초 작업으로 평택 지역 유지들이 중심돼 구체적인 〈민세기념사업회〉

11) 김경희 회고, 「서울 자택」 인터뷰, 2014년 2월.
12) 김도형 기자, 「민세 안재홍씨 며느리 김순경 여사」, 〈조선일보〉, 1974년 11월.

조직 준비작업이 추진되었던 적이 있었다고 회고[13]하고 있다. 앞서 언급한 대로 훈장의 훈격 면에서도 〈건국훈장 대통령장〉은 현재까지 1등급인 〈건국훈장 대한민국장〉 30명과 함께 93명에게만 수여된 훈장이다. 기념사업회 창립이 충분히 가능한 훈격이다.

정부의 복권과 서훈 조치 이후 1991년 11월에는 안재홍 등 납북독립유공 민족지도자의 위패가 국립묘지 〈무후선열제단〉에 모셔진다. 1992년 12월에는 경기도 평택시 고덕면 두릉2리 646번지 안재홍이 결혼해서 분가한 후 가족과 함께 지내며, 1934년 낙향 후에는 한국고대사와 실학을 연구하며 〈조선학운동〉을 실천했던 집이 문화재적 가치를 인정받아 경기도 문화재(경기도 기념물 제135호)로 지정 · 관리됐다.

〈사진 1〉 납북독립유공민족지도자 위패 봉안 (1991.11.21)

---

13) 김영광 회고, 「평택 사무실」, 1999년 6월.

이로써 항일민족운동가로서 민세가 9번에 걸쳐 7년 3개월간의 옥고를 치른 사실이 늦게나마 재평가를 받을 수 있는 기반이 마련됐다. 좌우명 가운데 하나인 '사후 100년을 돌이켜 자신을 바라보라'는 말처럼 한때는 좌우 이념갈등에 희생돼 한국 근현대사의 뒤안길로 사라졌던 안재홍은 사후 30여 년이 지나서 조금씩 재조명에 대한 공감대가 형성되기 시작했다.

사업회 창립 10여 년이 지난후의 일이지만 〈안재홍기념사업회〉는 민세의 납북 사실 확인과 관련해 2010년 '6·25전쟁 납북피해 진상 규명 및 납북피해자 명예회복에 관한 법률'이 공표됨에 따라 2011년 2월에 해방 후 〈한성일보〉 시절 기자 엄기형씨와 부인으로 민세의 여비서를 지낸 이정상씨의 증언 등 자료를 국무총리실에 제출 민세의 납북 사실 확인을 요청하여, 2011년 12월에 정식납북인사로 확인을 받았다.

현재 정부는 6·25 납북자의 명예회복을 위해 〈납북자 기념관〉을 조성 중이며 통일부에서는 198억 원을 투입해 연면적 4,509㎡, 지상 2층 규모 '임진각' 내 〈경기평화센터〉 건물을 매입해 리모델링하고 전시관을 신축하는 방식으로 2017년 9월 완공한다.

일제강점기 국내 민족운동을 주도하며 지조를 지켰던 민세와 같은 인물이 수십 년이 지나서야 정당한 평가를 받기 시작한 것이 안타까움도 있다. 그러나 민세가 꿈꾸었던 통일 국가, 개방사회를 지향하는 열린민족주의의 가치를 계승하기 위해 기념사업은 복권과 서훈과정을 통해서 준비될 수 있었다.

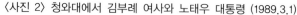

〈사진 2〉 청와대에서 김부례 여사와 노태우 대통령 (1989.3.1)

둘째, 〈안재홍기념사업회〉 창립 배경과 관련해서 1995년 이후 '지역역사인물 마케팅'의 중요성이 확산되었던 사회분위기도 도움이 되었다. 1991년 지방자치제 실시, 1995년 자치단체장 선거 전면 실시에 따라 한국은 본격적인 지방화 시대를 맞이하게 된다. 이에 국내 각 도시들은 지역의 정체성을 찾고 알리는 일에 많은 관심을 기울이게 된다. 지방화란 고장의 의미와 가치와 중요성을 재발견하는 일이다. 따라서 올바른 지방화를 위해서는 장소의 생존 근거이자 발전의 발판으로 지역장소판촉에 힘쓴다. 장소판촉이란 우리 삶이 직접적으로 근거하는 터전의 의미를 대내적으로 확인하고 대외적으로 감동과 가치를 확산해서 마침내 자기 고장의 번영을 가져오자는 노력이다.[14]

이를 위해 장소의 가치를 재인식하고 의미를 부여하기 위한 다양한 노력들이 수반된다. 여기에서 중요한 것은 지역정체성에 대한 인식이다. 즉 한 개인이나 집단이 가지는 장소에 대한 정체성이 의미를 가질 때 지역 내부를

---

14) 김형국, 『고장의 문화판촉』, 학고재, 2002, 29쪽.

통합하고, 타지역과 다른 경쟁력을 만드는 힘을 만들어 나갈 수 있다. 이에는 장소의 정체성만이 아니라 한 개인이나 집단이 가지는 그 장소에 대한 정체성도 중요하다.[15]

장소 정체성 강화의 대표적인 사례가 90년대 이후 폭발적으로 늘어나기 시작한 지역축제이다. 장소마케팅적 관점에서 보면 이 지역축제는 자기 고장의 다양한 장소자원들의 강점을 개발하고, 약점을 보완하여 지역을 알리는 것이다. 아울러 시민들에게 자부심을 주며 궁극적으로 시민들의 삶의 질을 높이고, 지역경제를 활성화시키기 위한 다양한 노력들이 전개된다. 이러한 장소자원들 가운데 역사인물자원은 빼놓을 수 없을 만큼 중요한 장소자산이다. 지역의 역사인물은 그 지역의 정신을 형성하는 가장 중요한 요소 가운데 하나이며 지역을 알리는 중요한 수단으로 활용할 수 있다. 1990년대를 거치면서 자기지역의 역사인물에 대한 재조명 작업이 활발해졌다. 또한 지역에 따라서는 역사인물 자산을 테마로 한 다양한 축제가 만들어졌다. 전남 장성 '홍길동 축제', 충남 아산 '이순신 축제, 강원도 평창 '효석문화제', 인제군의 '만해축전' 등은 그 대표적인 예이다.

안재홍의 고향 경기도 평택의 경우에는 근현대시기에 독립운동가 민세 안재홍과 한국 현대국악을 개척한 지영희가 인물 장소자산의 측면에서 대표적인 지역 출신 인물이다. 특히 안재홍 국가건설철학은 통일국가의 비전과 사회통합이라는 국가적 의제 해결에도 시사하는 바가 크지만 지역 내부 과제에도 해결의 실마리를 제공하고 있다. 3개 시군의 분리와 재통합으로 인한 갈등, 미군기지 이전과 다문화 사회로의 진입, 농업중심에서 도농복합시를 거쳐 인구 80만의 도시를 지향하는 평택사회에서 전통과 현대, 도시와 농촌의

---

15) 에드워드 렐프, 『장소와 장소상실』, 논형, 2005, 110쪽.

조화를 극복하는 정신적 기초로서의 안재홍의 메시지는 시사하는 바가 크다.

　90년대 이후 지역문화에 대한 관심이 커지면서 향토사의 연구와 전승노력도 활발해지고 있다. 이는 이제까지의 중앙지배의 문화구조에서 벗어나 지방이 고유의 자기정체성을 찾기 위한 노력에서 기인한다. 평택의 경우도 '평택농악', '평택민요' 발굴 보급 등 전통사회의 문화에 대한 재조명에 노력하고 있는 것도 지역문화의 뿌리를 찾고 계승하기 위한 노력의 하나다. 전통에서 현대의 문제를 해결해나가는 대안을 찾는 일은 역사인물 선양사업도 예외는 아니다.

　2000년대 들어 미군기지 이전, 평택항 개발, 고덕국제신도시 조성과 함께 평택은 '국제성'을 가장 크게 고민하고 있는 지역 가운데 하나이다. 한-미, 한-중이 연결되는 국방과 경제상의 중요한 도시로 부상하게 될 평택의 국제성은 평택다움을 어떻게 만들어나가느냐에 대한 고민도 담고 있다. 민세의 '민족에서 세계로, 세계에서 민족으로'라는 기치 속에 국제적 민족주의와 민족적 국제주의의 융복합인 열린 민족주의는 1930년대라는 특수상황에서 민세가 고민한 21세기 민족국가의 방향에서 나온 것이기는 하지만, 21세기 그의 고향 평택이 나가야할 바람직한 미래상이다.

　셋째, 〈안재홍기념사업회〉 창립의 실질적 배경이자 에너지는 지역사회의 관심과 다양한 협력 네트워크이다. 민세기념사업의 추진과정에서 특기할 만한 것은 지역사회에 기반을 두고 시작되었다는 점이다. 또한 발족 초기에 전국적인 명망가 중심의 조직이 아닌 지역사회 30~40대 각계 지역사회 지도자들이 적극 참여했다. 민세기념사업의 초기 핵심적인 역할을 했던 10여 명의 추진위원들은 당시 30-40대 지역 사회 각계인사들로서 구성되어 보다 적극적으로 기념 사업회 활성화에 노력했고 기념사업이 지역에서 뿌리를 내리는 데 많은 영향력을 발휘했다. 여기에 국가보훈처와 평택시, 지역 대학인 평택대학교의 적극적인 지원으로 사무실을 갖추고, 실무자들이 보다 효율적으로 다양한 기념사업을 전개해 나갈 수 있는 기반을 마련했다. 이는 일반적으로 주요 항일인물기념사업이 서울에서 창립되거나, 60~70대 연령 중심의 조직으로 구성되어서 기념사업의 지역적 기반이 취약하거나, 활력 있는 사업 전개에 많은 어려움을 느끼는 것과는 대조적인 점이다.

〈민세기념사업회〉 창립 배경에서 빼놓을 수 없는 것은 평택시의 적극적인 관심과 지원이었다. 창립 발기 때부터 지역역사인물 선양사업에 대해 문예관광과 차원에서 지속적인 관심을 보였고 이후 초대회장도 김선기 당시 평택시장이 맡아 지역인물현창사업에 적극적으로 함께 협력하였다. 〈민세기념사업회〉 사업 추진은 이후 송명호 · 김선기 · 공재광 시장으로 자치단체장이 여러 차례 바뀌었지만 전임 시장의 정책을 계승 발전시킨 지역민관거버넌스의 대표적인 사례였다.

이밖에 창립을 준비하는 당시에 안재홍에 대한 자료 축적이 상당부분 이루어지고 있었던 점도 사업회 활동에 큰 도움을 주었다. 천관우 선생과 한영우 박사 등의 민세 조명과 자료 축적을 기반으로 해방 후 국가건설기에 민족지도자의 국가건설철학과 정치리더십에 관심을 가지고 안재홍의 정치리더십 연구에 몰두, 서울대에서 석사, 미국 하와이대에서 박사학위를 받은 정윤재 교수와 안재홍의 생애와 사상 연구로 중앙대에서 박사학위를 받은 김인식 교수 등 연구자들의 업적과 자료 정리 작업은 기념사업회의 다양한 활동에 밑거름이 됐다.

여러 분야에서 활동하는 민세선생 유족과 고덕면 지역 종친들의 꾸준한 관심과 지원, 자문과 사업별 네트워크 등도 창립 준비와 이후 활동이 큰 활력을 얻는 데 든든한 버팀목이 됐다. 또한 창립을 실질적으로 주도했고 이후 16년 가까이 안재홍기념사업 실무에 많은 도움을 주고 있는 실질적 자매단체인 〈평택시민아카데미〉의 지원도 큰 힘이 되었다. 〈평택시민아카데미〉는 일제강점기 조선일보 주필시절 〈신간회〉 운동의 하나로 '문맹퇴치'운동을 전개한 민세의 평생교육정신을 지역현장에서 실천해왔다. 1993년부터 20여 명의 자원봉사자가 주축이 돼 성인문해교육과 야학에 힘써온 비영리단체로 〈안재홍기념사업회〉의 여러 활동이 가능하도록 현재까지 음으로 양으로 지원하고 있는 단체다.

요약하면 〈안재홍기념사업회〉 창립은 국가차원에서 안재홍에 대한 복권과 서훈 작업이 이루어진 점, 지방자치제의 전면 실시에 따라 지역인물을 통해 지역의 정체성을 높이려는 사회분위기 확산, 평택지역사회 각계의 실질적 네트워크, 평택시의 지원, 민세 전문연구자들의 자료축적, 민세 선생 유족의 다양한 관심과 협력, 〈평택시민아카데미〉 등 실무단체의 실천이 어우러져 창립과 본격적인 활동이 가능했다.

3. 〈안재홍기념사업회〉의 시기별 활동내용

1) 창립에 뜻을 모은 1999년

〈안재홍기념사업회〉 창립은 1999년 4월 17일 〈평택시민아카데미〉 주관 제2회 민세 강좌에 안재홍 연구로 박사학위를 받은 김인식 중앙대 사학과 강사를 초청하여, '민세 안재홍선생의 생애와 사상'이라는 주제의 강연에서 뜻을 모았다. 〈평택시민아카데미〉는 옛 송탄시 시절 1988년 뜻있는 지역청년들이 중심이 되어 지역 문화 정체성 확립을 목적으로 창립한 비영리민간단체이다. 〈평택시민아카데미〉는 1993년 9월부터 시민 청소년 대상 국토역사문화유산 답사 프로그램을 1999년까지 30여회를 운영해왔다.

답사팀은 1997년 7월 전북 전주에 있는 〈황토현문화연구소〉 여름문화마당에 참여했다. 답사지 중 정읍시 입암면 보천교 본산을 방문했는데 일제강점기 보천교 관련 회고를 하던 팔십 넘은 증언자로부터 안재홍의 고향이 평택이라는 사실을 알게 됐다.[16] 안재홍은 1924년 5월 〈시대일보〉에 논설기자로 입사했다가 신문사에 분규가 일어나 그해 7월에 퇴사했고 이것이 직업 언론인으로서의 첫발이었다고 한다.[17] 〈시대일보〉는 보천교의 기관지였다. 〈평택시민아카데미〉 회원들은 돌아와서 1년 6개월 정도 안재홍 관련 자료 등을 모았다. 1999년 3월1일 안재홍 선생의 34주기 기일에 〈평택시민아카데미〉 회원과 이상권 상명대 강사 등 뜻있는 지역인사 몇 사람이 안재홍 선생 생가를 방문해서 민세기념사업의 필요성에 대해 의견을 나눴다. 이후 기념사업회 창립 필요성을 느끼던 중 안재홍 연구자를 초청 강연과 더불어 기념사업 발기에 뜻이 모아져서 창립 준비가 시작됐다.

〈사진 3〉 안재홍 선생기념사업 추진 관련 지역언론보도
(평택시민신문 제43호, 1999.4)

16) 황우갑, 『성찰적 지역사회와 시민운동』, 봉명, 2001.
17) 김인식, 『중도의 길을 걸은 신민족주의자: 안재홍의 삶과 생각』, 역사공간, 2009, 63쪽.

이 날 민세 손녀사위 김정기 외국어대 부총장과 손녀인 안혜초 여사도 참석했다. 강연에서 김인식 박사는 '안재홍 생애 연보'를 중심으로 시기별 항일운동의 업적과 해방 후 신국가건설운동 과정에서의 활동을 소개했다. 강연후 토론에서 안재홍이 한국 근현대사에서 대표적인 민족운동가·언론인·정치가 등으로 활동했던 인물이고 1989년 복권과 〈건국훈장 대통령장〉을 수여받았기에 지역사회 차원의 재조명이 필요하다는 데 의견이 모아졌다. 이에 〈평택시민아카데미〉 황우갑 회장이 발기인대회 준비위원회 실무 간사를 맡아 다른 기념사업회들의 창립 과정에 대한 정보수집, 정관분석, 타기념사업회 방문 및 자료수집 등의 역할을 맡아 빠른 시기에 발기인대회 준비위원회를 열기로 했다.

1999년 4월 말에 열린 추진 준비모임 초기 참석자는 안혜초(민세 손녀), 한상억(두릉리 이장), 이상권(상명대 강사), 이진한(안성 산업대 강사), 김인식(중앙대 강사), 고연복(성은교회 목사), 조희걸(그리스도교회 목사), 김용한(평택사람들 회장), 이한칠(평택시민아카데미 교장) 등이 있다. 이날 회의에서 발기인 모집을 위해 안재홍을 홍보할 수 있는 소책자 제작, 발기인 모집작업, 조직구성에 대한 기본 논의를 했다.

5월 9일 사학자인 평택대학교 조항래 교수를 방문하여, 평택대 차원의 참여 문제에 대한 협의했다. 6월 2일에는 평택지역 내 한국근현대사 전공자인 김방 경문대 교수를 방문하여 지역 현대사 연구에 대한 자문을 받고, 준비위원으로 위촉했다. 6월 4일에는 발기인대회 모집용 준비책자를 만들었다. 6월 8일에는 문화관광부 지역예술과를 방문, 2000년 '이달의 문화인물' 선정 관련 정보를 수집했고 6월 22일 평택시청과 평택문화원을 방문 '문화인물 선정' 사업 관련해서 자문을 받았다. 이후 실무회의에서 발기인대회 준비위원장으로 김동현 평택대학교 부총장이 추천됐다. 김동현 부총장은 안재홍의 중앙학교(현 서울중앙고) 시절 제자인 국어학자 이희승 박사의 제자라는 인연도 있어 기념사업 발기인대회 준비위원장직을 흔쾌히 수락했다. 7월 20일 열린 발기인대회 준비위원회에서는 김동현 평택대학교 부총장을 발기인대회 준비위원장으로 선임했다. 1차적으로 발기인 대회를 준비하기 위한 '민세안재홍 홍보자료'를 제작하고 유족과 전국·지역각계인사를 대상으로 발기인 모집을 시작했다. 발기인대회 준비위원 명단은 아래와 같다.

- 고문: 강영훈(전 국무총리), 강원룡(크리스찬아카데미 이사장), 김정기(방송위원장), 박유철(독립기념관 관장), 조경희(전 예총 회상), 김선기(평택시장), 허남훈(국회의원), 원유철(국회의원), 이계석(경기도의회 의장), 최학수(평택시의회 의장), 유달준(평택교육장), 유재호(평택문화원장), 차유황 목사
- 자문위원: 신용하(서울대 교수), 한영우(서울대 교수), 정윤재(한국정신문화연구원 교수), 조항래(평택대 교수), 김경희(지식산업사 사장), 임중빈(인물연구소 소장), 신세훈(한국문인협회 부이사장), 이문원(중앙대 교수)
- 준비위원장: 김동현(평택대 부총장)
- 준비위원회 부위원장: 안혜초(시인/ 민세선생 손녀)
- 준비위원: 박성복(기남방송 차장), 이상권(상명대 강사), 이진한(한경대 강사), 김 방(경문대 교수), 정영석(평택문화원 사무국장), 최치선(평택문화원 이사), 고연복(성은교회 목사), 김용한(새교육공동체 평택시민모임 대표), 조인진(평택YMCA 회장), 한상억(고덕면 두릉리 이장), 공재욱(평택시청 문예관광과장), 원유덕(평택시청 총무과장), 정영석(평택문화원 사무국장), 안영돈(대한약품 상무)
- 사무국장: 황우갑(평택시민아카데미 회장)

창립 초기 지역사회 각계에서 십시일반 활동비용을 모아 발기인대회를 준
비했다. 현재 확인된 창립 준비를 위한 발기인은 조기홍 평택대학교 총장
등 총 195명이었다. 주요 참여 발기인 명단은 아래와 같다.

- 강대선, 강이석, 강호문, 고규웅, 김태훈, 김용한, 김영광, 김재성, 김동
  현, 김정숙, 김경호, 김명화, 김인식, 김행자, 김영미, 곽민정, 김동철,
  김재범, 김보나, 김용화, 남기돈, 문창호, 문원식, 문희욱, 박해천, 박연
  기,박정수, 박승용, 박화진, 변명문, 박찬범, 박종민, 심재훈, 손명수, 안
  석원, 안상학, 안영돈, 안성완, 안서용, 안혜초, 안혜광, 안경호, 안혜령,
  안병기,우종목, 안정온, 우제항, 유명규, 유진화, 유병헌, 윤한수, 윤정,
  이장현, 이상권, 유달준, 이성희, 유영준, 이경주, 이진한, 이수연, 이성
  재, 이문원, 이한철, 이세주, 이철순, 이충우, 이자헌, 임영철, 이장현,
  윤석규,이효순, 윤혜정, 임진, 이루사, 이경희, 이훈자, 인선교,장호철,
  장정민, 장순범, 조기홍, 전민수, 전진규, 정윤재, 조정희, 진종현, 조현
  수, 정혜정, 조현승, 정형철, 조석환, 정하성, 최치선, 최용학, 최종란,
  최진민, 한도숙, 허남훈, 한길희, 황우갑, 한상억, 한보석, 한만년, 한상
  근, 한영우, 홍창기, 황영순(가나다순)

이 시기에 발기인 모집에는 특히 평택대학교의 재정 지원이 큰 도움이 되
었고 상당히 많은 교직원들이 발기인에 참여하기도 하였다. 1999년 6월~10월
까지는 몇 차례의 회의와 함께 발기인 모집 및 안재홍에 대한 지역언론·방
송을 통한 홍보가 이루어졌다. 발기인대회 준비위원회의 주요 활동으로는
고덕면 방문 홍보, 〈조선일보〉와 〈경인일보〉 등 주요 신문에 〈안재홍기념사
업회〉 창립 발기인모집 홍보, 경향각지에 안재홍선생 유족 종친에 대한 참여

홍보 등이 있었다. 11월에는 준비회의에서 창립준비위원장 선임, 발기인대회
의 진행과정, 행사의 홍보작업 등이 논의되었다.

1999년 12월 4일(토) 오후 3시 평택시 송탄출장소 4층 강당에서 200여 명이
참석하여 〈민세안재홍기념사업회 발기인대회〉를 개최하였다. 창립준비위원
장으로 조기홍 평택대 총장을 선출했다. 해방 직후 청년 시절 안재홍과 함께
〈좌우합작운동〉에 참여했던 강원룡 크리스찬아카데미 이사장은 '민세 선생
에 대한 기억'을 중심으로 한 회고사를 했다. 한영우 서울대 인문대학장은
'민세 안재홍 선생의 생애와 사상'이라는 주제의 기념강연에서 고향 평택에
서 〈안재홍기념사업회〉가 창립되는 것의 반가움과 소중한 가치를 강조했다.

〈사진 4〉 창립 발기인대회 강원룡 목사 축사 (1999.12. 송탄출장소 4층 강당)

이 날 발기인대회에서 이진한 고려대 한국사학과 교수(당시 한경대 강사)
가 창립 발기선언문을 낭독했다. 창립 발기선언문 전문은 아래와 같다.

민세안재홍기념사업회 창립 발기선언문

오늘 여기에 모인 우리는 한마음으로 민세 안재홍기념사업회의 발기를 선언한다. 어떤 사람을 추모하고 기념하며 사상과 학문을 계승하기 위해 기념사업회를 만들기는 매우 어려운 일이다. 왜냐하면 초기에는 후손들에게 귀감이 될 만한 일을 하였으면서도 나중에는 자신의 편안함을 위해 의리를 저버리고 타협한 인물들이 많았기 때문이다. 특히 20세기 역사적 인물은 일제의 한반도 강점과 분단으로 점철되었던 시대를 살았으므로 공과가 함께 있는 경우가 적지 않다.

그러나 민세 안재홍선생은 민족의 자주 독립과 통일국가수립이라는 두 가지 목표를 평생 추구했으며 평생 어떤 유혹에도 굴하지 않으셨다. 질곡의 한국현대사에서 독립운동가이자 언론인이며 역사학자, 정치가로 이처럼 지조 있는 삶을 살다간 분을 어찌 현창하고 따라 배우지 않겠는가? 물질적 가치를 최우선으로 삼아 쉽게 자신의 뜻을 저버리는 요즈음의 세태에 안재홍 선생의 지사적 생애 자체가 후세들에게 좋은 귀감이 될 것이다.

현재 한국사회는 몇 가지 과제를 안고 있다. 그 가운데 하나가 IMF 관리 체제 이후 소득 재분배의 실패로 인한 계층간 갈등이 확산되어 가는 것이며, 다른 하나는 분단 체제를 극복하지 못하고 있다는 것이다. 따라서 새천년에는 이러한 문제를 해결하기 위한 새로운 가치가 요구된다. 그런데 이미 50년 전에 안재홍 선생은 이에 대한 해결책을 제시하였는데 그것이 신민족주의론이다. 이 이론은 내적으로 민주주의를 성취하여 민족을 구성하는 여러 사회계층의 상호간 대립 반목을 해소하고 외적으로 타민족에 대하여 자주적이면서도 개방적 입장을 견지하려는 것이었다. 이것의 사상적 배경에는 신간회운동을 통해 민공협동을 통해 절대독립을 추구했던 독립운동상의 경험과 한국 고대사 연구를 통해 상고사에서 민주적 특성을 지닌 제도나 사상, 언어의 변천과정을 탐구하여 그 속에 내재된 균등사상을 찾아보려고 노력한 것에서 시작된다. 분단 초기에 제시된 안재홍의 신민족주의론은 그때의 모순이 아직도 일부 지속되고 있는 현실에서 여전히 유효한 가치를 지니고 있기에 바로 20세기와 21세기의 경계에서 한국사회의 현실이 안재홍의 사상의 재조명을 요구하고 있다.

그러므로 우리는 순수한 뜻을 모아 민세의 사상과 학문을 연구하고, 세상에 알리는 사업을 하고자 민세안재홍기념사업회 발기를 선언하며 아울러 다음과 같은 사항을 실천할 것이다.

실천사항

- 민세와 관련된 모든 자료를 수립하고 정리한다.
- 민세의 생애와 사상을 홍보하여 여러 사람들로 하여금 귀감으로 삼게 한다.
- 신민족주의론으로 대표되는 그의 사상을 학문적 연구를 통해 심화시킨다.
- 최종적으로 민세의 독립운동론, 언론관, 역사관 등을 종합한 학문으로서 "민세학" 연구가 이루어질 수 있도록 경제적으로 지원하는 사업을 펼친다.

1999년 12월 4일

민세안재홍기념사업회 발기인 일동

2) 기념사업회를 창립한 2000년

2000년에 처음으로 '안재홍 선생 등 애국선열 추모사업비'가 평택시 예산으로 세워졌다. 2000년 3월 1일에는 안재홍 서세 후 35년 만에 처음으로 지역에서 공식적인 첫 추모식과 『민세선집 5권』 봉정식을 민세 안재홍 생가에서 개최했다. 오후 2시에 열린 이 날 행사는 민세 약전 봉독, 조기흥 준비위원장의 추도식사, 김선기 평택시장, 1989년 청와대 대변인 시절 민세선생 복권에 힘써준 김학준 한국교총 회장, 1978년부터 민세선집 발간에 큰 애를 쓰신 김경희 지식산업사 사장이 추모사를 했다. 민세 손녀 안혜초 시인의 조부 추모시 '풍란을 키우며' 낭송, 추모공연은 한국무용가 김복녀씨의 '이매방류

살풀이'가 있었다.

당시 쌀쌀한 날씨에도 첫 추모식에 민세 선생 유족들도 참석했고, 〈평택시민아카데미〉 회원들이 행사 준비에 많은 애를 썼다. 이 날 뜻 깊은 것은 1977년부터 2000년까지 민세선집 5권 간행에 힘써온 김경희 〈지식산업사〉 사장이 '민세 안재홍 선집 간행기'를 낭독한 것이 참석한 많은 사람들의 가슴을 뭉클하게 했다. '민세 안재홍 선집 간행기' 전문은 아래와 같다.

민세 안재홍 선집 간행기 [18)]

우리나라 근현대사에 우뚝 솟은 애국자요 언론인이며 학자이자 정치가이신 민세 선생의 선집 간행을 맡아 일을 시작한지 20수년 만에 완간을 마친 오늘 저는 참으로 민세 선생의 혼백 앞에 엎드려 절하며 부끄럽고 부끄럽기 그지없습니다. 제가 선생님의 선집 간행을 부탁받은 것은 1977년 여름 천관우 선생님 댁에서였습니다. 천관우 선생님의 말씀이 우리나라 굴지의 명문 출판사에서 몇 년 전에 선집을 내기로 하였으나 뜻지 않은 일로 선집 간행이 어려우니 맡아 간행해 주지 않겠느냐는 말씀이셨습니다.

고등학교 때 민세 선생의 글 한편을 감명 깊게 읽고 그 높은 문화의식과 겨레 사랑에 눈 뜬 터라 몇 해에 걸쳐 나누어 내기로 하고 천 선생님으로부터 원고를 인수하여 1981년 6월 1권을 간행하고 2권은 1983년 1월에 펴냈습니다. 그런데 1983년 겨울 저의 무능으로 회사가 거액의 부도를 내는 파산 사태에 몰리자 민세의 미망인이신 김부례 여사께서 원고를 되찾아가시게 되었습니다.

그런지 몇 해가 흘러 실제로 책임 편집을 맡으신 천관우 선생도 타계하셨습니다. 1988년 여름 어느 날 김부례 여사가 원고 보퉁이를 다시 가져오셔서 "아무리 생각해도 선집을 내줄 사람은 김사장밖에 없는 것 같소" 하시며 "당

---

18) 민세안재홍기념사업회, 「민세 안재홍 선생 35주기 추도식 자료집」, 2000.3.1.

장은 어렵더라도 내가 살아있는 동안에만 내주면 되니 당신이 다시 맡아
주시기를 바라오" 하시는 것이었습니다.

1990년 6월 14일 김부례 여사께서 전화를 하셔서 "김사장 별 일 없소" "아
닙니다, 실은 별일이 있습니다" "사실은 간밤에 꿈에 민세 선생이 나타나셔
서 내 원고는 무사하니 걱정 마오" 하시기에 전화를 했다는 것입니다. 그런
데 하루 전날 저희 회사에 불이 나서 저의 형님이 찾아오셨다가 변을 당해
목숨을 읽고 직원 여러 명이 입원하는 사태가 있었습니다. 제3권은 1991년
12월에 간행되고, 이듬해 1992년 9월 제4권을 펴냈습니다. 제5권은 1995년
조판을 완료하고 출판경기기 좀 나아지면 낸다고 하다가 마침내 1999년은
넘기지 않겠다고 인쇄하는 가운데 김부례 여사가 간행 일주일 전에 영면하
시고 말아 안타까움이 몹시 큽니다.

민세 선집 간행에 가장 큰 공로자는 고인 김부례 여사이시고 그 다음이
고인이 되신 천관우 선생이십니다. 편집위원 안호상, 이은상, 이인, 이선근,
이희승, 김을한, 이관구, 송지영, 유광렬 선생도 이제 타계하셨습니다. 지금
살아계신 여러 편집위원도 음양으로 도우셨지만 민세 맏손녀이신 안혜초
여사가 지극 정성으로 저를 격려해주셨습니다. 그리고 한국문예진흥원, 국
가보훈처의 지원도 밝혀둡니다.

또 꼭 밝혀 둘 것은 1991년 김부례 여사가 노환으로 서울시립 강남병원
에 입원하셔서 입원비로 고생하실 때 편집위원이신 조동걸 선생의 귀뜸으
로 당시 청와대 대변인이셨던 김학준 박사의 주선으로 상당 액수의 입원비
를 국비와 시비에서 지원 받아 이 기회에 감사를 드립니다. 이제 민세 선생
과 김부례 여사, 천관우 선생과 고인이 되신 여러 편집위원의 명복을 삼가
빌어마지 않으며 다섯 권의 선집을 선생의 영전에 바칩니다.

2000년 3월 1일
지식산업사 대표 김경희

〈사진 5〉 민세 안재홍선생 35주기 추도식 (2000.3.1. 민세 생가)

4월에는 통일부 교류과에 민세 묘소와 관련한 확인 질의를 했다. 또한 국가보훈처 기념사업과에 남북독립유공자 묘소 확인 및 방문사업을 제안했다. 조기흥 준비위원장은 〈안재홍기념사업회〉 초기 준비과정에 애정을 가지고 여러 가지 지원을 했다. 정식 사무실 마련까지 임시로 사용하던 〈평택시민아카데미〉에 사무용 집기와 전화, 사무기를 지원했다. 별도 후원금도 지원해서 사무국이 안정적으로 창립행사를 준비할 수 있도록 적극 도왔다. 창립 이후에는 평택대학교 정보과학관에 별도 사무실도 무상 사용할 수 있도록 했으며 여러 가지 행·재정 지원으로 사업회가 자립하는 기반을 제공했다.

약 11개월간에 걸친 창립 준비위원회 시기에는 여러 가지 사업적 논의가 이루어졌다. 정관에 대한 수차례의 검토 이외에 창립 이후 사무공간 마련에 대한 검토, 민세 선생 전기발간 추진, 평양 민세선생 묘소 방문의 필요성, 민세 동상 건립에 대한 검토, 〈민세회보〉 발간, 재정 확보 및 홍보 확대 방안 검토가 있었다.

2000년 초부터 조기흥 준비위원장의 지원 속에 수차례의 회의를 통해서 창립대회를 준비해 나갔다. 1차적으로 정관 작성위원회가 열려서 〈백범김구 선생기념사업회〉 등 타기념사업회 정관을 바탕으로 평택의 현실에 적합하게 수정해서 사업회 정관 기초안을 마련했다. 회장의 임기는 4년, 운영이사회 중심의 효율성 유지, 3월 정기총회 등이 골자였다. 사업회를 이끌어갈 초대 회장에 대한 논의도 수차례 걸쳐 있었는데 지방자치단체장이 회장을 맡아 활동하는 다른 지역의 사례와 지역차원의 적극적인 홍보, 예산지원, 행정업 무협조 등의 필요성을 검토해서 당시 김선기 평택시장에게 회장 추대의사를 밝혔고 긍정적인 의사를 전해 받았다.

2년간의 준비과정을 거쳐 2000년 10월 21일 평택시 북부문예회관 소공연 장에서 창립행사를 열고 초대 회장에 김선기 평택시장을 추대했다. 이 날 행사는 김인식 박사의 민세 약전봉독, 조기흥 준비위원장의 인사에 이어 신 창균 범민련 명예회장의 민세 선생 관련 회고담과 정윤재 한국학중앙연구원 교수의 '다사리주의와 민세정신' 기념 강좌가 있었다. 원로시인이자 대한민 국 예술원 회원인 홍윤숙 시인은 '민세 안재홍 선생님: 순도자적 그 생애를 기리며'라는 추모시를 보내주셨다. 지역 행정을 책임지고 있는 김선기 평택 시장이 초대회장을 맡아 활동함에 따라 안재홍기념사업은 평택시의 지속적 인 관심과 사업지원이 이어지게 되었다. 2000년 창립 당시 기념사업회 조직 은 아래와 같다.

민세안재홍기념사업회 임원 명단 (2000년 10월 21일)

- 회장: 김선기(평택시장)
- 부회장: 김동현(평택대학교 부총장) / 강호문(용재기업 고문)

- 감사: 김봉겸(두릉리 노인회장)/ 신충현(회계사)
- 운영이사: 최치선(평택문화원 이사), 조인진(평택YMCA 회장), 김방(경
         문대 교수), 이상권(상명대 강사), 이진한(고려대 강사), 장순
         범(평택환경운동연합 사무국장), 김기수(평택시민신문 발행
         인), 박성복(기남방송 차장), 공재욱(평택시 문화관광과장)
- 사무국장: 황우갑(평택시민아카데미 회장)

〈사진 6〉 민세 안재홍선생 기념사업회 창립대회 (2000.10.21. 평택북부문예회관)

3) 제1회 민세학술대회를 개최한 2001년

〈안재홍기념사업회〉는 창립과 함께 〈평택시민아카데미〉 임시사무실을
옮겨 평택대학교 정보과학관 317호에 정식 사무실을 개소하고 민세 재조명
작업을 시작했다. 2001년 5월 국가보훈처에 법인설립 등기를 마쳤다. 최우선
으로 시작한 사업은 민세 안재홍에 대한 추모·재조명 사업이다. 안재홍에
대한 그동안의 연구성과를 정리하고 객관적으로 민세에 대한 평가를 한권의
책으로 정리하는 작업으로 『안재홍평전』 발간이 추진되었다.

2001년의 가장 큰 사업성과는 제1회 민세학술대회 개최로 '민세안재홍의 신민족주의론'이라는 주제로 2001년 11월 20일 평택대학교 대학원 강당에서 열렸다. 윤병석 인하대 명예교수의 사회로 진행된 이날 학술대회는 제1주제 '안재홍의 조선정치철학과 다사리이념'(정윤재 한국학중앙연구원 교수), 제2 주제 '1930년대 안재홍의 민족주의론과 민세주의론'(박찬승 충남대 국사학과 교수), 제3주제 '안재홍의 신민족주의 국가상'(김인식 중앙대 강사), 제4주제 '안재홍의 신민족주의 언론사상'(조맹기 서강대 언론대학원장), 제5주제 '안 재홍: 조선의 고대를 통한 근대'(박한용 민족문제연구소 연구위원) 등 주제 발표와 토론이 있었다. 이 학술대회는 안재홍 사후 최초로 학술차원에서 종합적인 평가를 하는 계기가 되었다. 이 밖에 2001년에는 지역사회 청소년들을 대상으로 안재홍 생가에 대한 소개와 현지답사 안내, 민세생가 문화재 청소 활동, 민세홍보 팜플렛 제작 등을 통해 지역사회에 안재홍을 알리는 홍보 작업들이 진행되었다.

〈사진 7〉 제1회 민세학술대회 (2001.11.24. 평택대학교 대학원 강당)

4) 〈국가보훈처〉 지정 7월의 독립운동가 안재홍 공훈선양식을 개최한
2002년

2002년 주요사업은 첫째, 〈국가보훈처〉에서 안재홍을 '2002년 7월의 독립운동가'로 선정했다. 이에 2002년 7월 29일 오전 11시 평택 북부문예회관에서 〈순국선열유족회〉와 공동으로 '7월의 독립운동가 민세안재홍선생 공훈선양학술강연회'를 개최했다. 또한 전국 주요기관 단체에 홍보 포스터와 자료 배포, 〈독립기념관〉에서 안재홍 특별전 개최, 독립기념관 관장 초청 유족 간담회 등의 행사가 지속됐다. 이밖에 평택지역 중고등학교와 평택시청, 송탄출장소 로비 등에서 '민세 자료전'도 열렸다. 둘째, 2001년 제1회 민세 학술대회 발표내용을 정리해서 2002년에 민세연구 1권 『민족에서 세계로』가 발간되었다.

〈사진 8〉 7월의 독립운동가 민세안재홍 선생 공훈선양강연회 (김인식 교수)
(2002.7.29. 평택시 북부문예회관)

셋째, 2002년 10월에는 〈평택시〉, 〈경기문화재단〉의 지원으로 민세 평전 『다사리공동체를 향하여』를 발간했다. 이 책은 2001년 6월부터 기획을 시작해 안재홍 연구 1호 정치학 박사인 정윤재 한국학중앙연구원 교수의 집필과 이수연 사진작가의 사진자료 제공, 김정기 방송위원장의 후원 등으로 출간됐다. 12월 21일 출판기념회를 개최했으며 이홍구 전 국무총리와 안재홍 선생이 1989년 3월 1일 정부로부터 건국훈장을 받는 데 큰 도움을 준 조동걸 국민대 명예교수가 축사를 했다.

〈사진 9〉 정윤재 교수 『다사리공동체를 향하여』 민세전기 출판 기념회
(2002.12.21. 평택시 가보호텔)

5) 〈고려대 박물관〉에 민세 관련 자료를 기증한 2003년

2003년 주요 사업은 첫째, 5월에 안재홍 유고 등을 〈고려대박물관〉에 기증한 것이다. 해방 후 민정장관 시절의 문서류 등 약 200점을 기증했다. 〈고려대〉는 일제강점기 〈보성전문학교〉가 그 전신이다. 안재홍은 고려대와 같은

재단인 〈중앙학교〉 학감을 지낸 인연이 있고 장남 안정용은 〈보성전문학교〉
를 나왔다. 차남 안민용도 〈중앙학교〉를 졸업했다.

1990년대 초에 자부 김순경 여사가 〈독립기념관〉에 1차로 『조선통사』 등
안재홍 관련 자료를 기증했다. 여기에는 『조선통사』, 『신라건국사정고』, 『백
두산등척기』, 『신민족주의와 신민주주의』, 『조선상고사감』, 『안재홍 친필원
고』, 『민세 선집』과 『안재홍 판결문』, 안재홍 인장·연적·문갑 등 유품과
사진 자료가 다수 포함되어 있다.[19] 이후 〈안재홍기념사업회〉와 〈평택시〉,
〈경기문화재단〉이 『민세선집』 추가 발간에 대한 예산 지원을 하고, 〈고려대
박물관〉이 출판비를 지원하는 형식으로 기획해서 〈민족문제연구소〉 박한용
실장의 주도 아래 2005년부터 2008년 3월까지 8권까지의 선집 간행작업이
이루어진다.

기증 자료는 '생존운동의 영원한 도정' 등 교정지 29건, '강도일지' 원고 1
건, '사회와 자연인' 등 신문기사 27건, '구조선과 신조선'등 잡지기사 47건,
미군정 민정장관 시절 안재홍이 수신한 기록 46건, 발신한 기록 25건[20] 등이
포함되었다. 이 가운데 미군정관련 문서는 2008년 〈국가기록원〉에서 '국가기
록물 제2호'로 지정했다.

둘째, 2003년 10월 18일에는 안재홍 생가에서 시민청소년과 함께하는 '민
세학교'를 개최했으며 〈민족문제연구소〉 임헌영 소장을 초청하여 '고절의 국
사, 민세 안재홍' 강연회와 음악회를 개최했다.

---

[19] 독립기념관 자료실, 「민세 기증자료」 목록.
[20] 고려대 박물관, 「민세 안재홍 선생기증 자료목록」, 2004.

〈사진 10〉 2003년 민세문화학교 임헌영 민족문제연구소장 초청 (2003.10.18. 안재홍 생가)

6) 『안재홍 유고집』을 발간한 2004년

2004년 3월 김선기 초대회장이 일신상 이유로 사임했다. 이에 2005년 5월 김진현 회장 취임 때까지는 임시로 최치선 부회장을 중심으로 운영되었다. 이 해에는 안재홍 생가 뒷터 300평 정도를 유족들의 지원으로 매입 주차장 등 부지로 사용하는 방안에 대한 논의가 있었다. 그러나 2005년 평택시에서 '안재홍 생가 중장기 정비 종합 계획'을 추진하고, 2006년 고덕신도시 개발 등의 계획 추진에 따른 공원 계획과 중복되어 중단했다.

2004년 10월 15일 고려대에서 한국정신문화연구원과 기남방송의 지원으로 제2회 민세학술대회가 고려사학회 주관으로 열렸다. 이 날 행사는 2003년 에 기증한 안재홍 자료의 일부를 고려대 박물관에서 정리『민세선집 제6권』 유고집 발간기념식을 겸해서 열렸다. 이날 학술대회는 '8·15해방 이후 중경 임시정부 추대론'(김인식 중앙대 강사), '안재홍의 신민족주의론에 내재한 정 치적 의무관'(윤대식 충남대 강사), '민세 안재홍의 조선사연구와 유물사관'

(이진한 고려대 교수)의 등의 연구 논문 발표가 있었다. 이 날 발표한 자료는 정리해서 2005년『안재홍 심층연구』라는 논문집으로 출간됐다.

〈사진 11〉 제2회 민세학술대회 (2004.10.15. 고려대 LG 포스코 경영관)

7) 일본 역사교과서 왜곡반대 한일역사교류를 한 2005년

2005년에 들어서서 조직 안정을 위한 다양한 노력들이 있었다. 사무국을 〈평택대학교〉에서 〈평택시민아카데미〉로 옮겨와 공동사무국으로 운영하며, 사무국에 대한 지원을 강화하고, 조직을 정비하며 특히 공석인 회장 선임에 대한 논의가 있었다.

2005년의 주요 활동은 첫째, 2005년 9월 30일 한국프레스센터에서 〈민세선집 6권 출판기념회〉를 겸해 2대 김진현 회장의 취임식이 있었다. 이 날 행사에는 이홍구 전 국무총리, 박권상 KBS 사장, 이만열 국사편찬위원장, 박유철 광복회장, 이부영 열린우리당 의장, 최광식 고려대 교수, 이문원 전 독립기념관장, 김영광 전 국회의원 등 각계인사가 참여, 〈안재홍기념사업회〉의 새로운 출발을 축하했다. 김진현 회장은 취임사에서 안재홍을 20세기 한국 민족의 고난의 현장을 끝까지 지키며 일관되게 '열린 민족주의 국제적 민족주의'와 좌우통합을 추진했던 참 독립운동가이며 참정치인으로 평가하고 '반사적 급진'(反射的 急進)운동이나 관념적 공산주의운동을 거부하였고, 조선사·조선어 연구를 통한 조선의 정체성, 민족문화 선양을 추진한 당대 대학자·대언론인·대계몽가라고 평가했다.[21]

　김진현 회장 취임 이후 이전까지의 추모 학술 사업 중심에서 벗어나 다양한 대중사업을 전개하는 발판을 마련했다. 경기도 안성출신으로 과학기술처·장관, 〈서울시립대〉 총장, 〈한국경제신문〉 회장 등을 지낸 김진현 회장은 선친 김영기 제헌의원이 해방 전 민세와 함께 신간회운동을 했고, 해방후에는 국민당 등 정치활동에 참여했다. 이런 인연으로 〈안재홍기념사업회〉 회장을 맡아 기념사업회의 전국적인 위상을 높였고, 안재홍이 일제강점기 사장을 지낸 〈조선일보〉 등 중앙언론의 관심도 적극적으로 이끌었으며 안재홍의 유업인 〈신간회〉 재조명에도 적극 나섰다. 김진현 회장의 취임과 함께 한국사회 원로의 사업회 참여에 따라 평택지역사회와 평택시를 비롯한 관계 기관에서 안재홍 선양사업에 대한 관심과 지원이 커지기 시작했다.

　앞서 언급한 것처럼 민세기념사업회는 2005년 〈국가보훈기본법〉 제정에 따라 국가와 자치단체의 지원을 받을 수 있는 법적 근거를 마련되었다. 국가보훈법 23조에는 "국가와 지방자치단체는 추모 사업 및 기념사업을 공공기관과 민간단체 등과 공동으로 추진하거나 위탁하여 시행할 수 있다. 이 경우 공공기관, 민간단체 등에 대하여 재정적 행정적 지원을 할 수 있다"고 적시하고 있으며 "희생자와 공헌자 관련한 특정지역, 시기, 사건 등과 연계하여 기

---

21) 김진현, 『민세후답』, 민세안재홍기념사업회, 2016, 11쪽.

념일 또는 추모일을 지정하고 희생 공헌자를 기리는 각종 관련 행사를 실시할 수 있다"[22]고 명시하고 있다.

〈사진 12〉 김진현 회장 취임식 (2005.9.30. 한국프레스센터)

둘째, 일본의 역사교과서 왜곡에 반대하는 운동이 2005년부터 전국적으로 활발하게 전개됐다. 평택도 우호도시인 일본 에히메현 마쯔야마시 〈교과서 운동본부〉와 협력해서 반대운동에 적극 참여했다. 〈안재홍기념사업회〉는 김방 이사와 황우갑 사무국장 등이 2005년 7월 평택지역 여러 시민단체들과 함께 마쯔야마시를 방문하고 후쇼샤판 역사교과서 채택의 부당성을 알리는 데 함께 노력했다. 이후 2011년까지 매년 평택과 마쯔야마를 왕래하며 한일 역사문제에 대한 민간교류의 실무간사단체로 참여했다.

셋째, 1992년 12월 안재홍 선생 복권과 함께 경기도 문화재로 지정·관리되어온 〈안재홍 생가〉는 계속 부분 보수를 해왔으나 2005년부터 전면 해체와

---

22) 〈국가보훈기본법〉 참조.

보수 계획이 세워져 생가를 안정적으로 관리할 수 있는 기반이 만들어졌다. 특히 이 시기에 민세안재홍 생가와 주변에 대한 "중장기 정비계획"도 정리되었고 이후 경기도와 한국도시공사가 참여하는 "고덕국제신도시" 건설 계획이 발표되었을 때 신도시내 민세역사공원 건립의 기초 자료로 제공되기도 했다. 안재홍 생가는 정비계획에 따라 전면해체와 보수과정을 거쳐 2009년 3월 1일 생가에서 중수식을 했다.

〈사진 13〉 평택시민단체 역사왜곡교과서 불채택 요청 일본마쓰야마시 방문 (2005.6.30)

8) 〈조찬다사리포럼〉을 시작한 2006년

2006년부터 평택시에서 '선현추모사업'으로 지원예산이 늘어나게 되어 다양한 사업을 추진할 수 있는 기반을 마련했다. 기획 추진된 주요사업 성과는, 첫째 지역사회 지도자 교육의 하나로 "다사리포럼" 추진이다. 2006년 9월 김홍식 전 장성군수를 초청, '주식회사 장성군의 혁신이야기'라는 주제로 시작한 조찬다사리포럼은 한국 사회 각계인사를 초청하여 다양한 주제 강연을 통해 지역사회 지도자 육성과 민세정신의 선양을 위한 교육문화사업이다.

매월 두 번째 목요일 아침 7시에 지속적으로 실시하고 있으면 2016년 9월로 10주년을 맞이했다. 〈안재홍기념사업회〉의 핵심 사업으로 매회 50-70명 정도의 지역사회 각계인사가 참여하며, 강사의 질을 유지하면서, 좌우 균형적인 주제, 정시시작 원칙 등을 지켜나가고 있다.

둘째, 〈민세기획전시회〉 개최이다. 매년 민세 관련한 주제를 선정하여 진행하고 있으며 민세의 생애와 관련한 주제, 민세와 항일인물, 민세유품 서각전, 민세와 신간회 사람들 주제 등을 통해 민세 정신 홍보에 노력하고 있다. 〈민세기획전시회〉는 안재홍의 삶과 정신도 홍보하면서 〈민세기념관〉 조성을 위한 준비로 안재홍 관련 자료를 다양하게 모으고 정리하는 데도 의의가 있다.

셋째, 〈신간회〉운동 재조명이다. 〈신간회〉는 일제강점하 최대의 항일민족운동단체였다. 〈신간회〉 창립의 주역 가운데 한 사람이 안재홍이다. 이에 민세의 〈신간회〉 정신을 계승하고, 21세적 의미를 되새기기 위한 노력으로 2006년 처음으로 창립 79주년 기념식 개최했다. 이후 2007년 2월 80주년 기념학술대회 개최, 기념사업회 발족, 매년 창립기념식 개최, 2009년 '신간회 사람들' 기획전시회 등 신간회운동 재조명에 다양한 사업, 인력 지원을 해오고 있다.

넷째, 어린이 도서 전문 출판사인 〈우리교육〉을 통해서 한 가지 일에 매진한 우리인물 시리즈의 하나로 민세 안재홍 어린이 전기 『곧은 붓으로 겨레를 이끌다』 발간을 준비했다. 이 책은 2007년 1월 평택을 찾은 당시 김문수 도지사가 "조찬다사리포럼" 강연 후 발간 지원을 약속해서 경기문화재단과의 협의를 통해 간행됐다. 다섯째, 경기도 무형문화재 서각장 이규남 선생의 도움으로 "민세 서각자료 전시회"를 기획하여 다양한 민세 관련 어록과 글을 서각작품으로 제작하는 사업도 추진했다.

〈사진 14〉 신간회 창립 제79주년 기념식 (2006.2.15. 서울YMCA 회관)

9) 민세자료 정리를 위해 〈민세기획전〉을 시작한 2007년

2007년 주요사업은[23] 첫째, 2007년 3월 1일에 안재홍 선생 42주기 추모식이 평택북부문예회관에서 열렸고, 5월부터 시민청소년을 위한 다사리문화학교를 개최했다. 2007년 3월에는 "민세공원 연구회"가 발족됐다. 김준배 이사(평택시의원)를 대표로 최치선, 이상권, 오중근, 장순범, 박성복, 김용래 이사와 황우갑 사무국장이 참여했다. 이후 전국 12개 항일민족운동가 생가 및 공원 방문, 중국과 일본의 사례조사, 민세공원 조성 가상 조감도 제작, 〈조선일보〉 등 전국지와 〈평택시민신문〉 등 지역언론사을 대상으로 한 홍보작업을 통해서 평택시가 추진 중인 〈안재홍생가 정비 보전 계획〉에 반영을 시켰다. 또한 평택시장과 경기도 지사, 경기도 국제평화도시 지원부서장 면담, 평택시의회 방문 간담회, 김문수 경기도지사와 김진현 회장 간담회, 국가보훈처 수원보훈지청장 면담 등을 실시했다.

---

[23] 민세안재홍기념사업회, 『2008년 정기총회 자료집』, 2009.2.

둘째, 2007년 11월 민세 선생의 좌우명과 글을 소재로 평택시청 로비에서 '민세 서각자료전시회'가 열렸다. 경기도 무형문화재 서각장 이규남 선생께서 서각작업을 도와주셨다. 안재홍 선생 생애별 활동과 사진자료를 정리해 쉽고 친근하게 이해할 수 있는 홍보책자 "나와 나라와 누리가 함께" 책자도 발간돼 생가 답사 시민과 청소년을 위한 교육자료로 활용했다. 11월 30일에는 생가 사랑채에 고가구와 관련 자료를 전시하여 방문객들의 이해를 돕고 생가의 장소성을 느낄 수 있도록 '안재홍 생가 자료관'을 개관했다.

〈조찬다사리포럼〉도 계속되어 김문수 경기도지사, 허영호 탐험가, 서상록 전 삼미그룹 부회장, 허범도 중소기업진흥공단 이사장, 이배근 한국청소년상담원장, 김두관 전 행정자치부장관, 김진애 대통령자문 건설기술 건축문화선진화위원장, 김학준 동아일보 사장, 구본형 변화경영 전문가, 이왕재 서울의대 교수, 조현정 비트컴퓨터 사장, 김종일 가나안농군학교 이사장 등이 강사로 참여했다.

〈사진 15〉 2007년 민세공원연구 발표 (2007.6.30)

10) 평택항일운동사 조명을 시작한 2008년

2008년 주요 사업 추진내용은 [24] 첫째, 매월 사업회 소식지 '다사리'를 발간
했다. 12면으로 〈조찬다사리포럼〉 강사 홍보와 민세 관련 글, 사업회 소식을
중심으로 2011년까지 지속적으로 발행했다.

〈민세 43주기 추모식〉은 2008년 3월 1일 평택북부문예회관에서 열렸다.
2007년부터 추진한 민세 어린이 전기 출판은 2009년 2월『곧은 붓으로 겨레
를 이끌다』라는 제목으로 우리교육에서 출간됐다. 민세 관련 자료수집 작업
도 이루어져 고덕면 민세 작은댁에서 보관해오던『순흥안씨 족보』·『동의보
감』등 고문서, 자부 김순경 여사가 보관해오던 서예가 오세창 선생이 민세
에게 준 자필 글씨 2점, '민세 선생 명함집' 등이 기념사업회에 기증됐다. 주
제별 홍보자료 발간도 추진,『사진으로 보는 민세 안재홍』,『민세와 생가이
야기』등 자료를 출간했으며 민세선집 1~7권 목록과 단행본, 논문 자료를
정리『민세 안재홍 문헌자료 목록』을 발간했다.

6월5일부터 평택시립안중도서관에서 "2008 민세 안재홍 기획전: 민세와 항
일역사인물 5인" 전시회가 열렸다. 2층에 도서관과 함께하는 '안재홍 선생
관련 자료코너'도 만들어져 매년 정기 홍보행사를 하게 됐다. 평택시립도서
관과 협력사업으로 여기에는 민세 안재홍 저작 및 연구물, 분야별 자료, 민세
생가 및 사업회 활동 자료 등에 대한 관리가 가능하게 되어 다양한 민세 안재
홍 관련 자료를 특화하여 전시·관리해오고 있다.

6월 22일 평택지역 항일운동사 재조명 학술대회가 〈평택시청소년문화센
터〉에서 열렸다. '평택의 항일운동사 재조명'(김 방, 국제대 교수), '식민지시
기 안재홍의 민족주의와 신간회운동'(김인식 중앙대 교수), '기념시설을 통한

24) 이후 매년 발간한 민세안재홍기념사업회,『정기총회 보고서』참조(2007~2015년).

역사의 기억과 평택의 항일운동'(황우갑, 민세기념사업회 사무국장) 등의 발표가 있었다.

제3회 민세학술대회가 12월 12일 한국프레스센터에서 열렸다. '안재홍의 항일과 건국사상'이라는 주제로 '지사적 투쟁의 삶과 안재홍'(윤대식, 충북대 강사), '안재홍의 고려사, 조선사 연구의 특징'(이진한, 고려대 교수), '안재홍의 신국가건설운동'(김인식, 중앙대 교수), '납북이후 안재홍의 통일국가 수립운동'(이신철, 성균관대 동아시아연구원), '일제하 안재홍의 비타협적 문화운동론'(황우갑, 민세기념사업회 사무국장) 등 5개의 논문이 발표됐다.

2008년 〈다사리포럼〉에는 송월주 지구촌 공생회 대표, 오쿠무라 에추오 교과서운동가, 박세일 한반도선진화재단 이사장, 김홍신 작가, 문용린 서울대 교수, 임수진 한국농어촌공사 이사장, 한기호 한국출판마케팅 연구소장, 박용남 지속가능도시연구센터 소장, 홍세화 한겨레신문 기획위원, 최윤희 행복디자이너, 이태복 인간의 대지 이사장, 김정기 한국외대 명예교수 등이 참여했다. '청소년다사리문화학교'도 학교 방문 인문학 강좌형식으로 진행되어 고도원 아침편지문화재단 이사장, 강양구 프레시안 기자 등이 참여했다. 2005년부터 시작한 한일역사교류세미나도 2월 14일 〈평택청소년문화센터〉에서 신간회 창립 주간에 열려 "청일전쟁을 다시 생각한다"는 주제로 진행됐고 '고덕국제화 계획지구 내 민세공원 조성 관련 연구용역 제안 사업'을 추진했다.

〈사진 16〉 조찬다사리포럼 (2008.5.15. 문용린 서울대 교수)

11) 〈독립기념관〉에 '민세어록비'를 세운 2009년

2009년 주요 추진 사업은 [25] 첫째, 민세기획전 주제로 "신간회 사람들"이라는 주제로 서울 금호아트갤러리에서 신간회 관련 첫 전시회를 개최했다. 둘째, 2008년 민세생가 중수 완료를 기념해서 민세생가에서 추모식과 함께 민세생가 중수기념식을 열었다. 셋째, 어린이와 청소년대상 홍보를 강화하기 위해 "2009 전국 다사리독후감대회"와 "다사리 어린이 미술대회"를 개최해서 항일운동 사적지이자 경기도문화재인 민세생가와 『백두산등척기』, 『곧은 붓으로 겨레를 이끌다』 등 민세 관련 도서를 홍보했다.

넷째, 계기 사업의 하나로 8·15를 맞이해서 '별헤는 광복의 밤 문화행사'를 지산초록도서관에서 개최, 시민들에게 광복의 의미와 가치를 널리 알리는

25) 민세안재홍기념사업회, 『2010년 정기총회 자료집』, 2010.2.

일에 힘썼다. 다섯째, 민세 관련 일제강점기 〈조선일보〉 기사 자료집 발간, 민세 자제인 안정용·안민용·안서용 관련 가족 자료를 발간했다. 여섯째, 민세 관련 자료 현대어 번역사업을 시작해서 첫 사업으로 1930년 7월 민족혼 고취를 위해 백두산에 다녀와서 발간한 『백두산등척기』를 〈해냄출판사〉 송영석 사장의 도움으로 한양대 정민교수의 현대어 번역에 힘입어 출간했고 2010년 사업회 창립 10주년에 출판기념행사를 개최했다.

일곱째, 평택의 항일운동사를 정리하는 안재홍, 원심창, 평택의 사회운동 관련 학술행사를 개최했다. 12월에 한국프레스센터에서 "안재홍의 통합의 정치사상"이라는 주제로 4회 학술대회를 열었다. 여덟째, 10월 9일 한글날을 맞아 천안독립기념관 시어록비 공원에 '민세어록비'를 건립했다. 민세사업회 이상권 이사가 건립 총괄 실무를 담당했고 서예가 권윤철 선생이 정성스러운 글씨를, 서울대 미대출신 조각가 구성호 선생께서 '민(民)'자를 상징하면서도 기존 틀에 박힌 어록비 형식이 아닌 현대적 조형미를 살려 독립기념관 시어록비의 새로운 이정표를 세웠다는 평가를 받았다. 이것은 안재홍 선생 정신 선양의 첫 번째 상징 조형물 설치라는 의의와 함께 관련, 전문가와 지역사회 각계의 네트워크를 통해 독립기념관 내 기존 시어록비와 구별되는 참신성을 보였다. 이 사업은 대학에서 역사교육을 대학원에서 미학을 전공한 이상권 민세사업회 이사의 헌신적인 노력과 조각가 구성호 작가, 서예가 권윤철 작가의 열정이 있어 가능했다.

〈사진 17〉 민세 안재홍 선생 44주기 추모식 및 민세생가 중수식 (2009.3.1)

〈사진 18〉 민세 어록비 건립 (2009.10.8. 천안독립기념관)

12) 창립 10주년 기념사업과 〈민세상〉 시상을 시작한 2010년

2010년은 〈안재홍기념사업회〉의 선양사업이 양과 질적으로 크게 늘어난 해였다. 주요 사업 추진내용은 첫째, 2005년 이후 예산 등의 이유로 출간하지 못한『민세 연구논문집 제3권: 안재홍의 항일과 건국사상』이 사회과학 전문 출판사 백산서당에서 간행됐다. 국가기록물 제2호인 민세선집 8권 "민세 안재홍 공문서" 해제 작업도 시작했으며, 2009년부터 준비한『백두산등척기』 발간 작업도 완료했다. 둘째, 민세 안재홍 선생의 "다사리 정신"을 널리 알리는 홍보전문가 양성을 위해서 "다사리전문가 양성과정"을 개설해서 정윤재, 윤대식, 이진한, 이신철, 김인식, 조맹기, 황우갑 등 분야별 강사들의 전문강의와 현장학습을 진행하여 큰 호응을 받았다.

셋째, 2010년 〈다사리문화학교〉는 평택시립도서관과 연계하여 그해 평택시 한 책읽기 도서로 선정된『책만 보는 바보』에 나오는 다산 정약용 등 실학자들의 삶과 민세 안재홍의 사상을 연계하는 강연형식으로 사업을 진행했다. 넷째, 학술사업으로 민세공원 조성연구 세미나, 3회 평택항일운동 세미나, 제5회 민세학술대회 '남북민족지성의 삶과 정신', '일제하 양양지역의 신간회 연구' 등 다양한 학술행사가 있었다. 다섯째, 민세 안재홍 백두산 등척 80주년을 맞아 한경대 윤휘탁 교수를 초청하여 '중국의 장백산 문화론' 강연을 하였고 8월 20~24일 '백두산과 만주 항일유적 답사'를 35명의 시민 청소년들이 다녀왔다.

아울러 7월 21일부터는 평택에 공장이 있는 YKK의 지원으로 일본 도야마현 구로베시 일대를 '일본 선진기업문화 탐방' 형식으로 19명의 시민청소년들이 참여하여 구로베시 YKK 본사, 요시다 과학관, 구로베협곡 답사, 가나자와 시민예술촌 등을 다녀왔다. 여섯째, 민세 안재홍 선생의 한국학 진흥과 사회통합 정신 계승을 위한 전국적인 행사로 〈제1회 민세상 시상식〉이 민세

탄생일인 11월 30일 처음 개최됐다. 〈평택시〉의 후원과 〈조선일보〉의 특별
후원 형식으로 각계인사가 참여하는 운영위원회와 심사위원회가 구성됐다.
〈조선일보〉를 통해 사전 후보자 모집 홍보, 수상자 보도, 시상식 보도 등이
이어져 안재홍을 전국적으로 알리는데도 크게 기여했다. 첫해 수상자는 '사
회통합부문'에 송월주 지구촌공생회 이사장, '학술연구부문'은 정옥자 서울대
국사학과 명예교수가 결정됐다.

〈사진 19〉 민세 청소년 국제리더십 학교 (2010.7. 일본 구로베시 YKK 본사)

13) 민세학술연구 총서를 시작한 2011년

2011년 주요사업 내용은 첫째, 3 · 1절 민세 추모식과 6월 호국보훈의달 민
세 전시회, 8월 15일 광복절 문화행사, 11월 순국선열의 날 등 민세 관련 주요
계기사업 행사를 했다. 둘째, '민세 안재홍 소개 홍보영상'과 '시민 청소년을
위한 교육자료'와 '한영중일 4개국어 홍보자료'를 발간했다. 그간 산발적으로

간행되던 민세연구 논문집을 역사전문인 〈선인출판사〉를 통해 민세학술연구 총서 시리즈 형식으로 계속 발간하는 방향으로 추진, 『남북민족지성의 삶과 정신』이라는 주제로 1권이 발간됐다.

3월 16일에는 남부문예회관 대공연장에서 한국 최초 우주인 이소연 박사를 초청하여 "우주를 향한 도전"이라는 주제로 청소년대상 강연회를 개최했다. 〈다사리포럼〉도 꾸준하게 개최해서 이성호 연세대 교수, 장회익 서울대 물리학과 명예교수, 이종찬 전 국가정보원장, 이배용 국가브랜드위원장, 이재정 전 통일부장관, 박인주 청와대 사회통합 수석 등이 강사로 참여했다.

셋째, '청소년과 함께하는 민세 항일운동 사적지 답사'도 체계적으로 시작됐고 민세 생가에 알기 쉬운 안내홍보판 제작과 생가주변 태극기마을 조성 사업도 추진됐다. 11월중에는 안재홍 생가에 현충시설 홍보 안내판을 제작하고 두릉2리 마을 노인회, 이장단, 부녀회 등과 함께 태극기 상시 게시 운동을 전개했다. 특히 안재홍 선생과 관련이 있는 서울지역 사적지인 신간회 본부터, 서울YMCA 회관, 조선일보 옛 사옥, 중앙학교, 서대문형무소 역사관 등을 답사했다.

넷째, 2010년에 이어 두 번째로 백두산 서파와 고구려 유적지를 답사도 실시됐다. 7월 22~26일까지 진행한 '2011 백두산대장정 사업'은 민세 백두산 정신 선양과 신흥무관학교 창립 100주년을 기념해 고구려 유적, 특히 병자호란중 지조를 지켰고, 평택과도 인연이 있는 삼학사 오달제·홍익한 선생 관련 심양지역 사적지도 답사했다. 9월에는 한국프레스센터에서 "대한민국 중도에 길을 묻다"라는 주제로 학술행사를 개최했다. 김진현 대한민국 역사박물관 건립추진위원장의 사회로 정윤재 한국학중앙연구원 교수, 김기협 프레시안 상임편집위원, 조맹기 서강대 언론대학원장의 발제가 있었다. 다섯째, 민세공원연구사업도 12월에 열려 "한국역사인물기념관의 현황과 과제"라는 주제로 김인덕 성균관대 동아시아 연구원 연구교수의 "민세 민세박물관 건립에 관한 소고", 박희명 백범기념관 학예사의 "기념관의 역사와 교육기능연구" 등 발표가 있었다. 제2회 민세상 수상자는 사회통합부문은 김지하 시인이, 학술연구부문은 조동일 서울대 국문과 명예교수가 수상했다. 김지하 시인은 수상소감에서 "우리 민족의 당면 과제는 국제적 민족주의다. 이것이 신간회 부활의 방향이다"라고 말했다. 조동일 교수는 "안재홍은 내 학문의 큰 스승"이라고 회고했다.[26]

〈사진 20〉 2011년 백두산 고구려대장정 (2011.7. 백두산 천지)

26) 민세안재홍기념사업회, 『제2회 민세상 수상소감』, 2011.11.

14) 청소년 나라사랑 다사리학교를 시작한 2012년

2012년 주요사업 내용을 정리하면 첫째 『민세학술연구 총서 2권』 발간과 『민세교육자료 2권』 발간이 계속 추진됐다. 둘째, 2012년부터 경기도프로젝트학습연구회와 협력으로 청소년 나라사랑 다사리역사학교를 시작해서 매년 2기씩 민세 안재홍 선생과 평택의 항일운동 사적, 청소년리더십 교육 등을 해오고 있다. 평택의 역사, 독립운동과 문화재, 나라사랑 리더십 등의 프로그램으로 구성 청소년들의 지역정체성 확립에 힘쓰고 있다.

〈다사리포럼〉도 꾸준하게 열려 호사카 유지 세종대 교수, 조태권 광주요그룹 회장, 최운실 국가평생교육진흥원장, 문국현 전 유한킴벌리 사장, 염태영 수원시장, 김능진 독립기념관장 등이 참여했다.

셋째, 청년시절 민세 선생의 유학지였던 일본 동경지역을 답사해서 와세다대학, 신간회 동경지회, 아오야마 어학원 등 관련지역 자료를 수집했다. 넷째, 한국학중앙연구원의 지원으로 "민세안재홍 전집 자료집성"이 시작돼 3년간 총 6억 4천만 원의 예산으로 책임연구원 1명, 공동연구원 4명, 전임연구원 2명, 보조연구원 9명 등이 참여, 민세 전집 완간을 위한 데이터베이스 구축사업이 시작됐다.

다섯째, 행정자치부에서 국가기록물 2호 '민세 안재홍 민정장관 공문서 전시회'도 있었으며 6·10만세운동과 신간회를 조명하는 '다사리 콜로키움'도 개최했다. 민세 학술연구 총서 2권 『안재홍과 신간회의 민족운동』도 발간됐다. 제6회 학술대회도 "언론 구국의 국사 안재홍"이라는 주제로 9월에 열렸다. '일제강점기 민세 안재홍의 언론활동과 언론사상'(안종묵 청주대 교수), '해방이후 민세 안재홍의 언론활동과 언론사상'(박용규 상지대 교수), '민세 안재홍의 집필기사 및 논설에 대한 내용분석'(윤상길 서울대 언론정보연구소 연구원) 등의 발표가 있었다. 제3회 민세상 시상식도 개최했다. 2012년도 제3

회 민세상 수상자는 사회통합부문에 정성헌 한국DMZ 평화생명동산 이사장, 학술연구부문에 한영우 이화여대 이화학술원장이 수상했다.

〈사진 21〉 조찬다사리포럼 문국현 대표 초청 (2012.9. 평택대학교)

15) 안재홍 언론사상을 첫 조명한 2013년

2013년 주요사업 내용은 첫째, 2013년 제48주기 민세 추모식에는 2012년 〈다산학술문화재단〉이 발간한 정본 『여유당전서』를 민세 선생의 영전에 봉정했다. 6월 민세기획전에는 "평택의 항일을 말하다"라는 주제로 평택시립안중·팽성도서관에서 평택출신 독립운동가 안재홍, 원심창 선생의 삶을 조명 전시하는 행사를 열었다. 민세학술연구총서 제3권 『안재홍 언론사상 심층연구』도 발간되어 언론인 안재홍의 일제강점기, 해방 후 활동을 재조명하는 계기를 만들었다. 안재홍 생가 방문 관람객 등을 위해 '한국어·영어·중국어·일본어' 등 4개국어 안내 자료집도 만들어 비치했다. 2013년에도 다사리 포럼이 꾸준하게 열려 한영우 이화학술원장, 윤은기 중앙공무원교육원장, 고 승덕 변호사, 곽상욱 오산시장, 한형조 한국학중앙연구원 교수 등이 참여했 다.

평택서 열린 〈제7회 민세학술대회〉는 '안재홍 그 제애없는 정전의 삶'(윤 대식 한국외국어대 강사), '안재홍의 3·1민족운동상과 신민족주의 역사인 식'(김인식 중앙대 교양학부대학 교수), '안재홍의 조선신문소사 연구'(김영 희 서울대 언론정보연구소 책임연구원), '6·10만세운동과 피어선신학교'(성 주현 청암대 연구교수)의 발표가 있었다. 제4회 민세상 수상자는 사회통합부 문에 인명진 우리민족서로돕기운동 이사장, 학술연구부문에 한형조 한국학 중앙연구원 교수가 수상했다.

〈사진 22〉 2013년 다사리나라사랑 청소년 역사학교 (2013.10. 평택시립지산초록도서관)

16) 안재홍 생가건축 100년 기념행사를 한 2014년

2014년 주요사업 내용은 첫째, 추모문화사업으로 2014년 제49주기 민세 추모식이 3월 1일 평택북부문예회관에서 열렸다. 6월에 '조선학운동 80주년'을 맞아 관련 홍보자료 전시회를 평택시립안중도서관에서 개최했다. 2014년은 경기도 문화재로 지정된 안재홍 생가 건축 100년이 되는 해다. 10월 9일 생가에서 '100주년 기념문화제'를 개최했다. 서울대 국문과 명예교수인 오세영 시인이 '당신은 어디 계십니까'라는 추모시를 낭송했다. 2012년 〈다산학술문화재단〉이 발간한 정본〈여유당전서〉전집을 민세 선생의 영전에 봉정했다. 11월 17일 제75주년 순국선열의 날 기념식을 평택시 송탄출장소에서 "청소년과 함께하는 순국선열의 날" 행사로 개최했다.

둘째, 학술사업으로『민세학술연구총서 제4권: 안재홍과 평택의 항일운동 심층연구』를 발간했다. 이 책은 안재홍, 원심창, 이병헌 선생 등 평택출신 대표적인 항일운동가와 평택지역 3·1운동에 관한 연구 성과를 담고 있다. 2014년에는 〈우리역사연구재단〉에서 안재홍 선생의 한국고대사 관계 역저인『조선상고사감』을 현대어로 변역 발간했다. 9월 고려대 서관 강당에서 열린 제8회 민세학술대회는 "1930년대 조선학운동 참여인물 심층연구"라는 주제로 정인보, 문일평, 안재홍, 백남운, 김태준 등 일제강점기 일본의 식민사관에 맞서 조선학운동에 함께한 인물들의 삶과 학문적 성과를 조명했다.

셋째, 교육사업으로 2014년 다사리포럼에는 조관일 창의경영연구소장, 이부영 몽양기념사업회장, 김형오 전 국회의장, 인명진 우리민족서로돕기운동 상임대표, 김영란 전 대법관, 윤여준 전 환경부 장관, 박상증 민주화운동기념사업회 이사장 등을 초청 강연회를 개최했다. 7월부터 열린 '2014년 청소년다사리역사학교'는 안재홍 선생 활동 소개, 청소년 리더십 강좌, 평택항일운동사적지 탐방 등의 내용으로 열렸다. 제5회 민세상은 사회통합부문에 박상증

민주화운동기념사업 이사장, 학술연구부문에 김윤식 서울대 국문과 명예교수가 수상했다.

〈사진 23〉 민세 안재홍 생가 건축 100년 문화제 (2014.10.9. 안재홍 생가)

17) 안재홍 서세 50주기 사업을 추진한 2015년

2015년 주요사업 내용은 첫째, 2015년은 안재홍 선생께서 돌아가신지 50주기가 되어 다양한 계기 추모사업이 있었다. 추모문화사업으로 서세 50주기 추모식을 평택북부문예회관 대공연장에서 개최했다. 6월에 민세 기획전을 개최했다. 민세가 경향 각지를 다닐 때 이용했던 서정리 역과 시장의 장소성을 기억하고자 "독립운동가 민세 안재홍, 서정리를 걷다"라는 주제로 기획했다. 8월 15일 광복절에는 해방 후인 1945년 8월 민족지도자 최초로 "해내 해외 삼천만 동포에게 고함"이라는 해방연설을 했던 민세의 정신을 기억하는 기념문화제를 열었다. 9월에는 평택대학교에서 "민족의 소리, 세계의 소리"라는 주제로 '서세 50주기 추모 음악회'를 10월 9일 한글날에는 '서세 50년 나라 사랑 한글사랑 문화제'를 개최했다. 〈순국선열의 날〉 기념행사도 11월 "평택 지역 항왜, 항일 순국선열 정신계승 기념식"으로 진행했다.

둘째, 조찬 다사리포럼에는 이금룡 코글로닷컴 회장, 정운찬 국무총리, 이동건 부방그룹 회장, 이계안 2.1연구소장, 박희태 전 국회의장 등이 참여했다. 4월 100회 포럼은 『해방일기』(전 10권) 저자 김기협 박사를 초청, 한국학중앙연구원 정윤재 교수와의 대담 형식으로 "내일의 민족주의를 생각한다"라는 주제로 열었다.

셋째, 2014년 학술대회의 성과를 정리한 『민세학술연구 총서 5권: 1930년대 조선학운동 심층연구』를 발간했다. 제9회 민세학술대회는 "민세자료 DB 집성의 의의와 민세공원 조성방안"이라는 제목으로 김인식 중앙대 교수의 "민세 안재홍 전집 DB 자료집성의 의의와 과제", 황우갑 민세기념사업회 사무국장의 "민세기념사업의 성과와 민세역사공원·기념관 조성 방향"이라는 주제의 발표가 있었다. 10~11월 초까지 7기, 8기 '청소년다사리문화학교'가 열려 지역청소년들이 안재홍 선생과 평택의 항일운동, 안재홍 생가와 서울지역 주요 항일운동 사적지를 답사했다.

제6회 민세상은 사회통합 부문에 70년대 부마항쟁, 80년대 민주화와 노동운동에 기여한 주대환 사회민주주의연대 공동대표, 학술연구부문에 이승만과 김구에 대한 연구로 한국정치사의 인식지평을 넓힌 손세일 청계연구소장이 수상했다. 2015년에는 광복70주년을 맞아 경기도 박물관 주관으로 안재홍, 여운형, 조소앙 등 '경기도 대표 독립운동가 전시회'를 임진각 평화센터에서 개최했고 민세기념사업회는 전시 관련 자료를 제공했다. 김인식 중앙대 교수 등이 주도한 '민세안재홍 전집 자료집성과 DB 구축사업'도 완료돼 안재홍 연구 활성화에 기여하게 됐다.

〈사진 24〉 민세 안재홍 선생 서세 50주기 추모식 (2015.3.1. 평택북부문예회관)

〈사진 25〉 제6회 민세상 시상식 (2015.11.30. 한국프레스센터)

III. 〈안재홍기념사업회〉의 분야별 성과와 과제

1. 안재홍기념사업의 성과

1) 기념사업의 목적성 유지와 민관협력 실천

〈안재홍기념사업회〉는 정관에 규정한 "민세 안재홍 선생의 일관되고 지조 있는 삶의 자세를 따르고 실천이념인 신민족주의를 계승하며 유업인 민족의 평화적 통일 및 민족정기 확립" 목적으로 활동해 왔다. 2000년 창립 후 2001년 5월 〈경기도〉에 비영리민간단체로 등록했고, 〈국가보훈처〉에 비영리법인으로 등록했다. 일반적으로 기념사업회 결성 이후에 사업성과의 핵심은 창립 당시의 목적사업을 충실하게 진행하고 있는가에 달려있다. 앞서 사업 진행 내용에서 보듯 〈안재홍기념사업회〉는 단계적 사업을 충실하게 진행해왔고 목적문에 담긴대로 안재홍이 주창한 '신민족주의를 21세기 현실에 어떻게 계승할 것인가'에 대해 차분하게 고민하며 활동해왔다. 이를 위해 안재홍이 실천한 핵심키워드, 즉 통합과 개방, 교육과 문화의 창의성, 개방적 민족주의의 실천에 집중해 왔다.

조직 구성 면에서 민세사업회는 창립당시 10명의 운영이사 조직을 바탕으로 출발했다. 2005년 김진현 회장 취임이후 매년 2~3인씩 이사가 늘어나서 2015년 말 현재 34명의 이사가 활동하고 있다. 통상 매년 4회 이상 이사회를 개최하고 있으며 이사 조직의 특징으로 창립당시 30~40대 지역인사들이 주축으로 지속적으로 참여해서 운영되어왔다는 점이다. 젊은 연령대 이사들의 참여로 실무 활동력이 높고 지역사회와의 네트워크 구축에도 크게 도움되었다. 또한 평택이라는 지역에 연고를 두고 활동하고 있지만 전국적으로 각계를 대표하는 저명인사들이 고문으로 참여하고 있다. 여기에는 안재홍의 삶과 활동을 높이 평가하는 정계, 학계, 언론계 각 분야 인사도 있고, 2010년부터 시작한 민세상 사회통합과 학술연구 부문 수상자도 참여하고 있다. 다양한 인사들의 고문단 참여는 안재홍 관련 여러 학술과 교육 사업 추진에서 다양한 인적 네트워크를 구축·실천하는 데 크게 도움을 주고 있다. 2015년 말 〈안재홍기념사업회〉 고문, 회장단, 이사 구성은 아래와 같다.

- 고문 (가나다순)
  공재광(평택시장), 김경희(지식산업사 사장),김선기(전 평택시장), 김윤식(서울대 국문학과 명예교수), 김은호(평택문화원장), 김인식(평택시의회 의장), 김지하(시인), 김정기(외국어대 명예교수), 김학준(동북아역사재단 이사장), 남시욱(세종대 석좌교수), 박상증(민주화운동기념사업회 이사장), 방상훈(조선일보 사장), 손세일(청계연구소장), 송월주(전 조계종총무원장), 오용원(한국문화원연합회장), 원유철(국회의원), 용을식(남덕물산 대표), 유의동(국회의원), 이세중(환경재단 이사장), 인명진(우리민족서로돕기운동 대표), 정성헌(한국DMZ 평화생명동산 이사장), 정옥자(서울대 국사학과 명예교수), 조기흥(평택대 총장), 조동일(서울대 국문학과 명예교수), 주대환(사회민주주의연대 공동대표), 한영우(서울대 사학과 명예교수), 한형조(한국학중앙연구원 교수)

- 회장: 김진현(세계평화포럼 이사장)
- 수석부회장: 강지원(변호사)
- 부회장: 서경덕(평택자원순환협동조합 이사장), 안영돈(대한약품 전무), 김향순(평택교차로 회장)
- 감사: 최덕근(세무사), 김기수(평택시민신문 발행인)
- 이사: 정윤재(한국학중앙연구원 교수/학술위원장), 강길복(변호사),

김미영(평택문화원 부원장), 김일(은혜중 교사), 고인정(새정치
민주연합 평택갑위원장), 김덕일(평택농업희망포럼 운영원장),
김방(국제대 교수), 김인식(중앙대 교수), 김기수(평택시민신문
발행인) 김준배(전 평택시의원), 박홍구(평택시 문예관광과장),
박성복(평택시사신문 부사장), 박성제(평택직업전문학교 이사
장), 안광용(고덕면 순흥안씨 종친회장), 안영진(GLC코리아 대표
이사), 안영운(온누리국제법인 대표), 오중근(굿모닝병원 행정원
장), 원선영(건축사), 이상권(평택향토사연구위원), 이진한(고려대
교수), 이한칠(평택시민아카데미 교장), 이재덕(삼보텔레컴 대
표), 이정재(남서울대 교수), 이충우(온샘커뮤니티 대표), 장순범
(연세기획 대표), 최남(은빛날개 대표), 한상회(동양공구 대표),
황우갑(평택시민아카데미 회장·사무국장 겸임)

또한, 창립 당시 초대 회장으로 평택시장이 참여함으로써 지역사회 내에
서 사업회 활동의 정당성과 안정성이 확보되었다. 또한 〈평택시민아카데미〉
의 적극적인 지원에 힘입어 순차적으로 다양한 사업들이 진행될 수 있었다.
기념사업에 참여하는 다양한 집단의 상호협력도 중요한 요소다. 후손들의
자발적 모임인 〈민세유족회〉와 평택시 고덕면 등에 거주하는 〈순흥안씨 대
종회〉에서도 꾸준하게 사업을 후원하고 있다. 안재홍의 고향 평택시와 국가
보훈처도 꾸준하게 예산을 지원하되 간섭을 최대한 자제한 점도 이 사업이
일정한 성과를 만들어 내는 바탕이 됐다. 특히 평택시는 항일운동가 기념사
업 지원에서 일관성을 가지고 꾸준하게 예산을 증액시켜가며 전임 시장의
사업 가운데 지속가능성이 크다고 판단한 안재홍기념사업에 지속적 관심을
보이면서 담당부서와 사업회의 유기적 협력을 이끌어냈다. 안재홍이 주필과
사장을 지낸 중앙일간지인 〈조선일보〉도 관심을 가지고 사업 홍보에 적극

나서 전국화의 기반을 닦는 데 크게 도움을 줬다. 이런 성과 등이 인정을 받아 〈안재홍기념사업회〉는 2012년 행정자치부 주관 〈전국민관협력 우수사례 발표대회〉에서 장려상을 수상했다.

2) 민세 관련 주요 계기사업의 복원과 정신 홍보

역사인물기념사업의 기본적인 목적사업은 해당 인물과 관련한 계기사업의 복원과 홍보이다. 〈안재홍기념사업회〉는 지난 16년 동안 안재홍 관련 주요 계기일인 3·1절, 6·6 현충일, 8·15 광복절, 10·9 한글날, 11·17 순국선열의 날 등에 주요 계기사업을 꾸준하게 다양한 사업을 추진해 왔다.

안재홍은 독립운동 관련 기념일과 주요 국경일과도 인연이 깊은 인물이다. 매년 2월 15일은 일제강점하 최대 항일민족운동단체로 안재홍이 창립을 주도한 〈신간회〉 창립기념일이다. 매년 3월 1일은 전국적인 3.1 만세운동기념일이자 1965년 안재홍이 평양에서 서거한 날이다. 8월 15일은 1945년 8월 16일 민족지도자 최초로 안재홍의 해방연설이 있던 날과 관련 있다. 10월 9일 한글날은 〈조선어학회〉 회원으로 활동하다 1942년 10월 〈조선어학회사건〉으로 투옥당한 안재홍의 활동을 기억할 수 있으며 11월 17일은 1905년 을사늑약의 부끄러움을 기억하고 조국독립에 헌신한 독립운동가를 추모하는 순국선열의 날이다. 〈안재홍기념사업회〉는 그 동안 민세 정신의 계기별 의미를 복원하고 홍보하는 데 힘써왔다. 그 내용을 정리하면 아래 〈표 3〉과 같다.

〈표 3〉 민세 안재홍 관련 주요 국가기념 계기일 행사 추진 성과

계기일	내용	안재홍 관련 기억	주요 사업 추진 내용
2월 15일	〈신간회〉 창립기념일	신간회 총무간사로 홍명희와 함께 창립 주역	• 2006년부터 신간회창립 기념식 개최 • 2007년 "신간회기념사업회 창립" 협동사무국 운영 • "신간회" 조명 전국지역학술대회 개최 • 2009년 신간회사람들 전시회 개최 (금호아트갤러리)
3월 1일	〈3.1절〉	민세 안재홍 서세일	• 매년 평택서 추모식 개최 (평택시/고덕면주민자치위등)
6월 6일	〈호국보훈의 달〉	보훈인물 안재홍	• 매년안재홍 기획전시회 개최
8월 15일	〈광복절〉	민족지도자로서 최초 해방연설을 한 안재홍	• 8·15 기념강연회 개최 • 8·15 문화제 개최
10월 9일	〈한글날〉	조선어학회 수난 33인 가운데 한 사람 안재홍	• 한글날 문화제
11월 17일	〈순국선열의 날〉	순국선열과 애국지사의 정 신 계승	• 순국선열의 날 기념식

  역사인물기념사업의 두 번째 계기는 역사인물 자체의 주기관련 사업의 복원과 홍보이다. 〈안재홍기념사업회〉는 16년 동안 안재홍 관련 주요 주기별 계기사업을 꾸준하게 발굴했다. 2002년 7월에는 〈국가보훈처〉 지정 7월의 독립운동가 공훈선양 행사를 했다. 2007년 2월 15일에는 〈신간회〉 창립 80주년 기념식을 열었다. 2010년 7월 31일에는 1930년 7월 백두산에 올라 민족의식 고취에 힘쓴 정신을 기려 '80주년 기념 백두산 대정정'을 개최했다. 2010년 10월 21일에는 창립 10주년을 기념하며 안재홍의『백두산등척기』를 현대어로 풀어읽은 책을 출판했다.

  2013년 8월에는 안재홍이 일본 와세다대학 졸업을 앞두고 중국 상해, 남경, 제남, 청도, 북경, 심양 등지를 여행한지 100년 되는 해를 맞아 안재홍이 일본 유학시절 공부했던 아오야마 어학원과 와세다대학을 답사했다. 2014년에는

1934년 9월 안재홍과 정인보 등이 주도한 '조선학운동' 80주년을 맞아 그해 7~8월 남도지방의 관련 사적지를 답사하고 '조선학운동' 학술대회도 개최했다. 10월 9일에는 100년을 맞이하는 안재홍 생가에서 건축 100년 문화제를 열었고, 2015년 3월 1일에는 서세 50주기 추모식을 열었다. 2015년 8월 15일에는 해방연설 70주년 기념문화제도 개최했으며 10월 9일에는 한글날을 맞아 50주기 문화제도 개최했다. 그 동안 추진한 민세 관련 주요 계기일 사업 추진 내용을 정리하면 아래 〈표 4〉와 같다.

〈표 4〉 민세 안재홍 관련 연중 주요 계기일 행사 추진 성과

행사일	내용	안재홍 관련 기억	주요 사업 추진 내용
2002년 7월	〈국가보훈처〉 7월의 독립운동가	독립운동가 지정	- 공훈선양기념식 - 〈독립기념관〉 특별전시
2007년 2월 15일	〈신간회〉창립 80주년기념식	민세가 주도한 신간회창립 80주년 계기	- 기념학술대회 및 〈신간회기념사업회〉 창립
2010년 7월 31일	〈백두산〉등척 80주년기념	1939년 7월 31일 민세 백두산등척 80년	- 백두산대장정 개최와 백두산 전시회, 포럼
2010년 10월 21일	창립10주년	민세기념사업회 창립 10주년기념식	- 안재홍 "백두산등척기" 현대어 번역 발간
2013년 8월 1일	중국대장정 100년	1913년 7월 민세 안재홍 중국대장정 100년	- 일본 와세다대 답사 - 청년민세 100년 학술행사
2014년 9월 17일	〈조선학운동〉 80주년	1934년 민세가 주도한 조선학운동 80년 기념	- 조선학운동 기념학술대회
2014년 10월 9일	〈민세고택〉 건축100년	고덕면 민세 고택 건축 100년 기념	- 한글날 민세고택 100년 기념문화제
2015년 3월 1일	민세 서세 50주기	민세 서세 50주기 추모식	- 50주기 추모문화제
2015년 8월 15일	민세 해방연설 70주년	1945년 8월 16일 민족지도자 최초연설	- 70주년 기념문화제
2015년 10월 9일	민세50주기 문화제	한글날을 맞아 민세50주기 문화행사	- 50주기 계기문화제

또한 〈안재홍기념사업회〉는 안재홍 관련 주요 사적지의 답사와 복원 작업에 힘썼다. 경기도 기념물이며 국가보훈처 현충시설로 지정된 민세안재홍 생가를 비롯해서 평택지역에서는 고덕면 사립진흥의숙터, 민세가 경향 각지를 다닐 때 늘 이용했던 서정리역, 자주 올랐던 부락산과 고성산 등의 흔적과 스토리 등의 사전 조사작업을 했고 생가와 서정리역 등을 중심으로 전시와 문화 행사를 꾸준하게 열었다.

서울지역에서 안재홍의 흔적은 주로 종로지역을 중심으로 더듬어 볼 수 있다. 일제하 종로의 공간적 성격은 일제의 강점으로 청계천 북쪽 식민지 조선인의 공간을 대표하는 거리가 종로이며 일제 침략에 맞선 조선인의 저항을 보여주는 저항의 공간[27]이기도 했다. 서울 종로지역에서 안재홍과 관련이 있는 〈황성기독교청년학관〉과 〈신간회〉 창립장소인 〈서울YMCA〉 회관, 〈신간회〉 본부터, 〈중앙학교〉, 옛 〈조선일보〉 사옥, 안재홍의 지우였던 기농 정세권이 기증한 〈한글학회〉터, 현재는 서울 강북삼성병원에 편입된 안재홍 〈평동집터〉 등에 대한 확인과 답사 작업도 진행했다. 일본 동경지역에도 민세가 다닌 〈아오야마〉 어학원, 〈와세다대학〉, 〈신간회 동경지회〉 창립 장소 등 민세 관련 기억을 가지고 있는 역사 공간에 대해 답사와 홍보작업을 꾸준하게 전개해왔다. 그 내용을 정리하면 아래 〈표 5〉과 같다.

---

27) 장규식, 『서울, 공간으로 본 역사』, 혜안, 2004, 48쪽.

〈표 5〉 민세 안재홍 관련 주요 사적지

장소	안재홍 관련 기억	비고
〈안재홍 생가〉 〈안재홍 고택〉	안재홍이 태어나고 자란 마을	매년 생가 답사 현충시설 사업 생가보전 운동 민세역사공원 조성 홍보 사업
고덕면 율포리 〈진흥의숙〉터	안재홍이 다닌 학교	*현재 "고덕신도시" 조성 으로 멸실
〈서정리역〉	안재홍이 이용하던 역	한글날 서정리역 전시회 등 개최
〈부락산〉과 〈고성산〉	"부락산-덕암산-고성산"에 이어 지는 안재홍이 다니던 등산로	부락산 역사인물 아카데 미 개최
〈서울YMCA 회관〉	안재홍이 다닌 학교 "황성기독청년회" 터	신간회 창립 기념행사
서울 〈중앙고등학교〉	독립운동가 안재홍이 학감으로 의열단을 이끈 제자 김원봉, 국 어학자 이희승을 가르친 학교	민세서울지역 답사 홍보
〈조선일보〉 옛 사옥	안재홍이 주필, 사장을 지내며 항일운동에 참여	민세서울지역 답사 홍보
〈신간회〉 본부터	안재홍이 창립을 주도했던 "신 간회" 본부가 있던 종로2가	민세서울지역 답사 홍보
〈안재홍 평동 집터〉	안재홍이 살던 서울집으로 강 북삼성병원 내 경교장 맞은편 병원후문쪽이 집터임	민세서울지역 답사 홍보 생가표지석 세우기 홍보
일본 동경 〈아오야마 어학원〉	일본유학 후 어학연수를 위해 다니던 곳	동경지역 답사 홍보
일본 동경 〈와세다대학〉 〈신간회 동경지회〉 창립지	민세가 다니던 대학교와 학교 내 신간회 동경지회가 창립한 곳	동경지역 답사 홍보

3) 학문적 업적 재조명을 위한 꾸준한 학술 행사 개최

〈안재홍기념사업회〉는 창립 이후 2015년까지 15년간 9번의 민세학술대회
를 개최해 안재홍의 다양한 활동을 학문적으로 재조명해왔다. 또한 평택지
역에서도 〈평택문화원〉 등과 공동으로 평택지역의 항일운동과 역사인물에

대한 조명도 꾸준하게 해왔다. 9회에 걸친 민세 학술대회 주제와 내용을 정리하면 아래 〈표 6〉과 같다.

〈표 6〉 민세 안재홍 학술대회 추진 현황 (2001~2015)

일시	장소	주제	주요 내용
제1회 2001.11	평택대 대학원	'안재홍의 신민족주의론'	- 안재홍 관련 5개 주제 발표
제2회 2004.10	고려대 LG포스코경영관	'민세 선집 7권 발간기념 학술대회'	- 민세 안재홍의 역사의식, 언론관 등 재조명
제3회 2008.12	한국프레스센터	'민세 안재홍의 항일과 건국사상'	- 민세 관련 5개 주제 발표
제4회 2009.12	한국프레스센터	'민세 안재홍의 통합의 정치사상'	- 민세 관련 3개 주제 발표
제5회 2010.11	한국프레스센터	'납북민족지성의 삶과 정신'	- 안재홍 등 납북인사 5인 추모
제6회 2012.9	대한상공회의소	'언론 구국의 국사 안재홍'	- 민세 언론 사상관련 5개 주제 발표
제7회 2013.9	남부문예회관 세미나실	'안재홍과 일제하 국내민족운동'	- 민세 관련 5개 주제 발표
제8회 2014.9	고려대 서관	'1930년대 조선학운동 참여인물연구'	- 안재홍 등 조선학참여 5인 조명
제9회 2015.10	평택시립도서관 시청각실	'민세자료집성과 민세역사공원'	- 민세자료집성의 의의 - 민세역사공원 방향

4) 민세 안재홍 관련 학술 자료발간

〈안재홍기념사업회〉는 창립 이후 2015년까지 『민세학술연구 총서』 8권을 발간하면서 안재홍 관련 학술 조명과 정리에 힘써왔다. 매년 꾸준하게 학술대회를 통하여 그 내용을 정리하고 이후 후속보완작업을 거쳐 단행본으로 발간했다. 그 동안 발간한 학술도서는 아래 〈표 7〉과 같다.

〈표 7〉 민세학술연구 총서 발간 추진 현황 (2002~2015)

출판연도	도서명	출판사	비고
2002	『민족에서 세계로』	봉명	〈평택시〉, 〈경기문화재단〉 지원
2005	『민세 안재홍 심층연구』	황금알	〈평택시〉, 〈한국학중앙연구원〉 지원
2009	『민세안재홍의 항일과 건국사상』	백산서당	〈국가보훈처〉, 〈평택시〉 지원
2011	민세학술연구총서 1권 『납북민족지성의 삶과 정신』	선인	〈국가보훈처〉, 〈평택시〉 지원
2012	민세학술연구총서 2권 『안재홍과 신간회의 민족운동』	선인	〈국가보훈처〉, 〈평택시〉 지원 〈문화체육관광부〉 우수도서 선정
2013	민세학술연구총서 3권 『안재홍 언론사상 심층연구』	선인	〈평택시〉, 〈한국언론학회〉 지원
2014	민세학술연구총서 4권 『안재홍과 평택의 항일운동』	선인	〈평택시〉 지원
2015	민세학술연구총서 5권 『1930년대 조선학운동 연구』	선인	〈평택시〉 지원

또한 안재홍의 삶을 조명하는 대중적 전기와 어린이를 위한 전기 등 2종류의 전기, 일제강점기 때 안재홍이 단행본으로 출간한 『백두산등척기』를 현대어로 번역 발간했다. 또한 2000년 나온 『민세선집 5권』 이후 새로 나온 자료를 정리해서 『민세선집 6권』, 『민세선집 7권』, 『민세선집 8권 자료편』도 간행했다. 그 동안 발간한 전기 등 자료 발간 내용을 정리하면 아래 〈표 8〉과 같다.

〈표 8〉 민세 관련 전기 및 자료 발간 추진 현황 (2001~2015)

연도	제목	출판사	비고
2001	민세 안재홍 평전 『다사리공동체를 향하여』 / 정윤재	〈한울〉	〈평택시〉, 〈경기문화재단〉 지원
2007	민세 어린이 전기 『곧은 붓으로 겨레를 이끌다』 / 오민석	〈우리교육〉	〈평택시〉, 〈경기문화재단〉 지원
2008	『민세선집 6권』, 『민세선집 7권』, 『민세선집 8권』 / 박한용 해제	〈지식산업사〉	〈평택시〉, 〈고려대 박물관〉 지원
2010	『백두산등척기』 현대어 간행 / 정민 풀어읽음	〈해냄〉	〈평택시〉, 〈해냄출판사〉 지원, 문화체육관광부 우수도서 선정

4) 시민평생교육사업을 통한 민세 정신 선양

안재홍의 방대한 저술과 실천 작업은 생애 전체에 걸친 평생교육 경험과
도 인연이 깊다. 민세는 황성기독청년회(현 서울YMCA) 중학부와 일본 와세
다대학 졸업 후 돌아와 자신의 모교였던 현 서울YMCA의 교육부 간사직을
거쳐, 중앙학교 학감으로 활동했다. 이 시기에 가르친 대표적인 제자가 〈의
열단〉을 이끈 약산 김원봉과 국어학자 이희승이다. 안재홍은 후에 제자 김원
봉을 돕다가 2차례 옥고를 치르고, 1942년 10월 조선어학회사건 때도 제자
이희승과 함께 옥고를 치른다. 안재홍은 1929년 〈조선일보〉 주필 시절에 신
간회운동의 하나로 추진했던 전국적인 문자보급 운동에도 적극 관여했으며,
남강 이승훈 선생이 평북 정주에 세워 민족의식 고취에 힘쓰고 〈신간회〉 운
동에 함께했던 홍명희, 조만식 등이 교장으로 있던 〈오산학교〉를 답사, 그
활동을 널리 알리기도 했다. 일제에 의해 '불령선인'으로 감시 대상이었던
안재홍은 1930년대 후반 조선학운동을 실천하는 시기에 고향 평택에서 지역
주민들에게 민족의식 고취를 위해 한글과 역사를 가르쳤다.

1945년 8월 16일 국내민족지도자를 대표해서 '해내 해외 삼천만 동포에게
고함'이라는 해방연설을 최초로 했던 안재홍은 미군정기 남조선과도정부 민
정장관 겸 제2교육분과위원장으로 현재 교육기본법에도 명시된 대한민국 국
가교육이념으로 국조 단군의 '홍익인간'을 제시했다. 또한 일제말기에 〈조선
어학회〉 사건으로 함께 고난을 겪었던 한글학회 간사장 이극로의 건의를 받
아들여 초등학교 의무교육을 관철을 지원했으며 여성도 초등학교 교장이 될
수 있도록 법제화한 일도 있다. 1945년 11월 〈선구회〉란 단체가 조사한 가상
초대내각 조사에서 안재홍은 초대 문교부장(현 교육부 장관) 선호도 1위에
오르기도 했다.28) 또한 1949년에는 〈신생회〉를 조직하고 서울 돈암동에 덴
마크 '민중학교'를 참고로 개척과와 실습과 등 2개 학과를 갖춘 〈중앙농림대

학)을 열고, 초대 학장으로 신생 대한민국의 농업인재양성에도 힘썼다.

평생교육은 학습자의 자기 교육을 지원하고 교육제도의 개혁과 학습 환경의 정비를 강조하며 '관리'를 강조하는 개념이며, 평생학습은 학습자의 자립성·자발성과 학습자의 의욕을 강조하는 개념으로[29] 생애 전체에 걸쳐 꾸준한 자기학습의지를 가지고 자기계발을 통한 삶의 질 향상에 노력하는 것이다.[30] 특히 지역사회에서 성인학습을 조직하는 데에 있어서 적합한 단위는 생활현장 자체이며, 개인의 특수한 경험은 성인학습의 가장 풍부한 자원이라고 할 수 있다.[31]

〈안재홍기념사업회〉는 안재홍의 평생학습 실천 활동을 계승하기 위해 2006년 9월부터 매월 두 번째 목요일 7시에 평택에서 〈조찬다사리포럼〉을 열어왔다. '일생을 일하고 일생을 읽으라'는 안재홍의 평생교육 좌우명을 실천하며 한국사회 각계 전문가를 모시고 진행하는 지역사회지도자 교육 프로그램이다. 2015년 4월로 100회를 맞이했으며 2016년 9월로 10주년을 맞이했다. 〈다사리포럼〉의 '다사리'는 안재홍 선생이 해방 후 신국가건설이념으로 제시한 정치철학으로 "다함께 말하고, 다함께 잘산다"는 뜻을 담고 있다. 〈다사리포럼〉은 한국사회를 대표하는 다양한 전문가로부터 정치, 경제, 사회, 문화 등 다방면에 걸친 전문지식과 폭넓은 시야를 배우는 아침 학습모임으로 평택의 대표적인 조찬 시민교육의 장이 되고 있다. 행사 전 민세 안재홍의 어록 낭독을 하고 강사 소개와 강연 및 질의응답 형식으로 진행되고 있다.

....

[28] 서중석, 『한국현대사』, 경인문화사, 2005.
[29] 차갑부, 『평생교육론』, 교육과학사, 2014, 59쪽.
[30] 김신일·박부권 편저, 『학습사회의 교육학』, 학지사, 2010, 76쪽.
[31] 김종서 외, 『평생교육개론』, 교육과학사, 2014, 136쪽.

〈다사리포럼〉의 성과를 정리하면 먼저, 지방중소도시인 평택에서 한국사회 각계를 대표하는 저명인사들이 자신의 경험을 진솔하게 이야기하는 시간을 가져왔다는 것이다. 제1회 김흥식 전 장성군수를 시작으로 김진현 세계평화포럼 이사장, 김문수 전 경기도지사, 김학준 전 동아일보 사장, 송월주 전 조계종 총무원장, 문용린 전 교육부장관, 홍세화 한겨레신문 기획위원, 김을동 국회의원, 김지하 시인, 김종인 전 청와대 경제수석, 최광식 전 국립중앙박물관장, 강지원 변호사, 공병호 경영연구소장, 김상곤 경기도 교육감, 장회익 서울대 물리학과 명예교수, 박세일 전 한반도선진화재단 이사장, 이종찬 전 국정원장, 이배용 한국학중앙연구원장, 이재정 전 통일부장관, 문국현 전 유한킴벌리 사장, 한영우 서울대 명예교수, 인명진 우리민족서로돕기운동 이사장, 윤은기 중앙공무원교육원장, 이부영 전 열린우리당의장, 김형오 전 국회의장, 김영란 전 대법관, 윤여준 전 환경부장관, 정운찬 전 국무총리, 정성헌 민주화운동기념사업회장, 주대환 사회민주주의연대 공동대표, 염태영 수원시장, 곽상욱 오산시장, 박선규 영월군수 등 한국 사회 각계의 대표적인 저명인사가 참석했다.

또한, 〈다사리포럼〉은 현안에 대한 보수성향에서 진보 성향에 이르기까지 다양한 인사의 생각을 들으며 지역사회 통합과 소통에도 기여해왔다. 대개의 강사와 주제 선정이 주관단체의 성향에 따라 극명하게 나눠지는 경우가 많은데 비해 〈다사리포럼〉은 평택지역사회에서 보수와 진보의 지역사회 지도자들이 함께하는 대표적인 모임이다.

그리고, 〈다사리포럼〉은 평택지역사회에서 조찬학습, 인문학 강좌, 테마강좌를 확산시키는 데 기여했다. 이런 노력이 평가를 받아 〈안재홍기념사업회〉는 행정자치부가 주관하는 2012년 전국 민관협력 우수사례 공모전에서 '장려상'을 수상했다.

〈다사리포럼〉의 향후 과제는 우선, 더 많은 성인학습자들이 조찬학습에 참여할 수 있도록 홍보를 강화하고 강사의 수준을 일정하게 유지하는 데 힘써 나가야 한다는 점이다. 또한, 2020년 완공 예정인 평택시 〈고덕국제신도시〉 '민세역사공원' 내 안재홍기념관 조성과 연계한 교육프로그램으로 발전해야 한다. 이곳이 단순한 역사인물 전시관이 아닌 지도자 양성을 위한 '평생학습' 시설로 활용될 수 있도록 지속적인 포럼을 통해 사전에 면밀한 준비를 해야 할 필요가 있다.

5) 〈민세상〉 시상을 통한 안재홍의 사회통합 실천 홍보

〈안재홍기념사업회〉는 2010년부터 평택시의 적극적인 후원과 조선일보의 특별후원으로 안재홍의 사회통합정신과 한국학 진흥 실천 정신을 선양하기 위해 매년 안재홍 탄생일인 11월 30일 전후 〈민세상〉 시상식을 개최한다. 2015년까지 심사위원은 김진현 세계평화포럼 이사장, 이세중 환경재단 이사장, 남시욱 세종대 석좌교수, 강천석 조선일보 고문, 송희영 조선일보 주필, 강지원 변호사, 김후란 문학의집 서울 이사장, 조동일 서울대 명예교수, 한영우 서울대 명예교수, 조광 고려대 명예교수, 정윤재 한국학중앙연구원 교수 등 해당 분야 각계 전문가와 석학 등이 맡았다. 회가 거듭될수록 국내에서 독립운동가 정신을 기리는 대표적인 상으로 성장했으며, 특히 이념·계층·세대·지역간 갈등해소에 노력하는 사회지도인사가 수상하는 사회통합 부문 시상은 특별한 의미를 가지고 있다. 제1회부터 6회까지 수상자는 아래 〈표 9〉와 같다.

〈표 9〉 민세상 수상자 현황 (2010~2015)

구분	일시	사회통합 부문 수상자	학술연구부문 수상자
제1회	2010.11.30	송월주 지구촌공생회 이사장	정옥자 서울대 국사학과 명예교수
제2회	2011.11.30	김지하 시인	조동일 서울대 국문과 명예교수
제3회	2012.11.29	정성헌 한국DMZ평화생명동산 이사장	한영우 서울대 국사학과 명예교수
제4회	2013.11.30	인명진 우리민족서로돕기 운동 상임대표	한형조 한국학중앙연구원 교수
제5회	2014.11.28	박상증 민주화운동기념사업회 이사장	김윤식 서울대 국문학과 명예교수
제6회	2015.11.30	주대환 사회민주주의연대 공동대표	손세일 청계연구소장

6) 〈신간회〉운동 재조명 활동

〈신간회〉는 1927년 2월 15일 창립한 일제강점하 최대의 항일민족운동단체이다. 안재홍은 〈조선일보〉 주필로 신간회 총무간사를 맡아 초기 신간회 전국 조직 결성에 크게 힘썼다. 민세기념사업회는 민세의 〈신간회〉운동 참여 정신을 계승하기 위해 2006년 2월 15일에 1931년 5월 16일 〈신간회〉해소 이후에 처음으로 창립 79주년 기념식을 서울YMCA 회관에서 개최하면서 〈신간회〉재조명 운동을 시작했다.

〈안재홍기념사업회〉 김진현 회장은 기념사에서 갈등과 혼돈의 위기에서 극진하고 경건한 자정의 눈물과 땀을 통하여 새로운 주류가 나와야 하고, 79년 전 신간회의 주류를 '21세기 신간회'로 만들어나가야 한다고 강조했다.[32] 창립 79주년만의 첫 기념식은 언론과 학계의 주목을 받았다. 이날 기념식과 함께 〈신간회기념사업회〉 조직 활동의 필요성에 참석한 많은 사람들이 공감했다. 이후 1년간의 준비를 거쳐 2007년 2월 15일 한국프레스센터에서 80주년을 맞아 〈신간회기념사업회〉 창립총회와 학술대회를 개최했다. 초대 회장은 김진현 〈안재홍기념사업회〉 회장이 겸임했다.

---

32) 김진현, 『민세후답』, 민세안재홍기념사업회 편, 선인, 2016, 94쪽.

〈신간회기념사업회〉 창립발기인에는 김진현 회장을 비롯해서 박재창(고당 조만식기념사업회 상임위원장), 허근욱(허헌 선생 후손), 홍기영(홍명희 선생 후손), 이달순(수원대 명예교수), 이문원(전 독립기념관장), 박규채(월남장 증정위원회장), 이택휘(한양대 석좌교수), 김종인(국회의원), 김문순(조선일보 발행인), 김재홍(경희대 교수), 김관태(단재신채호기념사업회 부회장), 정윤재(한국학중앙연구원 교수) 등 신간회 활동 역사인물의 유가족과 관련 학자 등이 참여했다.

또한 80주년 기념학술대회는 '신간회 창립과 민족단일당화'(김인식 중앙대 교수), 성주현 부천대 교수의 '신간회운동과 민족주의 좌파세력'(성주현 부천대 교수), 'ML당계 사회주의자들의 민족통일전선론과 신간회'(이현주 국가보훈처 연구관), '신간회운동과 여성활동'(이달순 수원대 명예교수), '신간회운동의 국제적 맥락과 해소과정'(유병용 한국학중앙연구원 교수), '신간회와 21세기 한국'(정윤재 한국학중앙연구원 교수) 등의 주제 발표가 있었다.

이후 〈신간회기념사업회〉는 〈안재홍기념사업회〉와 공동으로 매년 2월 15일 창립기념식을 개최하고 있다. 2009년 6월에는 '신간회 사람들'이라는 주제로 서울 금호아트갤러리에서 기획전시회를 열었다. 이 전시회는 신간회 참여 역사인물 관련 자료와 활동사진, 유품 등을 소개한 최초의 행사로 언론의 주목을 받기도 했다.

2010년 창립83주년 기념식에는 〈한국동양정치사상사학회〉와 함께 '신간회의 정치사상사적 재고찰'이라는 주제로 학술회의도 함께 개최했다. '신간회에 참가한 민족주의 세력의 현실인식과 민족통일전선'(한상구, 역사문제연구소), '신간회에 참여한 사회주의 세력의 현실인식과 민족통일전선론'(이현주, 국가보훈처), '안재홍과 신간회'(윤대식, 충북대), '홍명희와 신간회'(장세윤, 동북아역사재단), '이승복과 신간회'(김인식, 중앙대) 등의 발표가 있었다.

또한 신간회 전국 각 지회에 대한 관심을 가지고 2010년 8월 15일에는 성남 문화원과 공동으로 '신간회 경기광주지회' 재조명 학술행사를 열었다. 2010년 11월에는 강원도 양양문화원과 함께 '신간회 강원 양양지회' 관련 학술회의를 열었다. 이 밖에도 〈안재홍기념사업회〉는 〈신간회기념사업회〉의 협동사무국으로 신간회 회보 발간, 충남 서산, 대구광역시, 경남 통영, 경남 하동, 전남 나주, 전남 목포 등지의 〈신간회〉 관련 사적지 등의 조사 및 보전 등 기초 작업에도 나섰다.

2. 기념사업의 과제

1) 기념사업 조직 체계 활성화

〈안재홍기념사업회〉는 향후 질적 성장을 위해 몇 가지 과제도 안고 있다. 우선 조직 체계 안정성 유지와 활성화를 위한 노력이 필요하다. 〈안재홍기념사업회〉는 내부 강점으로 앞서 언급한 것처럼 16년 이상의 꾸준한 기념사업 활동을 실천해왔다는 점이다. 다양한 추모, 학술 교육, 문화, 기획사업을 일관되게 전개해 왔다. 안재홍의 고향 평택이라는 지역에 기초해서 사업 운영을 해온 점도 강점이다. 독립운동 관련 인물 선양을 통한 지역정체성 확립은 시민사회의 공감을 받을 수 있는 요소이기에 〈평택시〉도 적극 지원하고 있다. 또한 지난 16년간 안재홍 관련 자료를 집약하고, 전시교육하게 될 기념공원과 기념관 조성의 바탕이 되는 기초적인 자료를 수집, 조사, 출간해왔다. 그러나 약점으로는 현재 인력 부족으로 어려움이 크다. 따라서 이사회의 역할 변화와 적극적인 재원 발굴 노력이 필요하다는 점을 들 수 있다.

기회요인으로는 우선 2005년 〈국가보훈기본법〉 제정으로 기념사업 추진의 정당성이 확보되고 〈평택시〉 등에서 예산을 지원받을 수 있는 근거가 마련되었다. 더구나 〈고덕국제신도시〉 조성에 따라 안재홍 기념역사공원 조성이 가시화 되고 있어 기념사업 교육홍보에 긍정적 변화가 예상된다. '국제성'을 강조하는 평택의 도시브랜드에 걸맞게 '민세' 정신이 평택정신, 고덕국제신도시의 대표적 상징가치로 인식될 가능성도 커졌다.

그러나 위협요인도 있다. 〈고덕국제신도시〉 건설 지연에 따라 기념공원 조성도 연기될 가능성도 있다. 최근 국가적 재앙으로 다가오는 인구 감소에 따라 〈고덕국제신도시〉 자체가 장밋빛 미래를 담고 있지 않을 수 있다는 우려도 있다. 독립운동가 기념관 건립은 〈국가보훈처〉 등이 관심을 가지고 예산을 꾸준하게 지원하고 있다. 그러나 경기 침체 등으로 관련 예산 지원이 줄어들 가능성도 크다. 이후 운영관련 예산을 제대로 마련하기 위해 안정적으로 지역사회의 공감대를 마련하는 것도 중요하다.

〈안재홍기념사업회〉의 변화와 발전을 위해서는 명확한 가장 중요한 비전을 공유하고 여기에 기념사업회 활동에서 과거·현재·미래의 가치를 동시에 담을 수 있도록 지혜를 모아야 한다. 특히 안재홍 정신의 21세기적 가치에 대한 해석과 실천 노력을 제시하고 사업에 담아나가야 한다. 특히 향후 평택시 고덕면 두릉리 일대에 조성되는 〈민세역사공원〉의 효율적인 추진과 운영에 대한 기본 방향을 공유 비전에 담아내야 한다.

이와 함께 그동안 소홀히 해왔던 일반 회원 조직을 확대하면서 다양한 사람들의 참여를 유도해야 한다. 청소년회원 참여를 통해 자라나는 지역청소년들에게 민세 정신을 널리 알리기 위해 힘써 나갈 필요가 있다. 이는 〈안재홍기념사업회〉 조직에서 대중화 노력이 시급함을 의미한다. 또한 향후 민세공원 조성과 함께 조직 체계가 새롭게 변화될 것이 예상되는 만큼 전문화된 각종 위원회도 확대해 나갈 필요가 있다. 실무조직의 보강도 시급하다. 최소한 총무, 조직, 교육홍보분야에 새로운 인력들이 안정적으로 충원되어 다양한 사업시행에 따르는 인력난을 극복해나갈 필요가 있을 것이다.

2) 깊이 있는 안재홍 재조명 사업 전개

역사인물 기념사업의 중요한 목적은 선양인물 관련 자료의 정리 출판 작업이 꾸준하게 이루어지는 것이 일차적이다. 오랜 기간『민세선집』발간,『학술연구총서』발간,『안재홍자료집성 DB 구축』추진, 안재홍 전기 등 교육자료 발간사업이 이루어진 것이 높이 평가할 만하다. 그러나 앞으로〈국가기록원〉에서 국가기록물 제2호로 지정한 영문으로 되어있는『안재홍 민정장관 공문서』등 자료에 대한 한글 작업이 필요하다. 또한 2009년부터『백두산등척기』발간이 시작이었지만 안재홍 글 가운데 대중성이 있거나 학문적 가치가 높은 글들을 현대적 감각으로 재번역하여 출간해 나갈 필요가 있다.

〈표 10〉은 향후 진행해 나가야 할 안재홍 관련 자료 발간과 심층연구의 과제를 정리해본 것이다.

〈표 10〉 민세기념사업 분야별 심층연구의 과제

분야	주요연구과제	비 고
독립운동	○ 안재홍과 신간회운동론 ○ 안재홍의 항일운동 시기별 활동 심층 조명	
언론	○ 일제강점기 안재홍의 언론관 ○ 안재홍의 항일논설에 대한 심층 분석 ○ 한국 최초 언론사학자 안재홍의 활동	
역사	○ 안재홍의 조선 상고사감 연구 ○ 안재홍의 고대사연구 성과 ○ 안재홍의 신민족주의 사학론 연구 ○ 안재홍의 일제식민사관 비판	
교육 철학	○ 안재홍의 조선학운동론 ○ 1930년대 문화운동과 안재홍의 민세주의 ○ 안재홍의 평생교육 사상 ○ 안재홍의 인생관 ○ 안재홍의 신생회운동 재조명	

정치사상	○ 안재홍의 비타협적 민족주의론의 전개과정 ○ 미군정기 안재홍의 활동 ○ 납북이후 안재홍의 통일운동	
기타	○ 21세기 민족주의전개와 민세사상의 상상력 ○ 민족주의 인물 비교연구 ○ 민세 안재홍의 기행수필과 문체연구 ○ 안재홍 문화자원과 문화원형 활용방안 ○ 민세생가 활용과 기념관 공원 조성전략	

3) 안재홍 관련 자료 지속 수집과 소재 파악

향후 적절한 시기에 고덕국제신도시내에 민세공원 조성이 계획되어있는 만큼, 이제부터 민세기념사업회가 나서서 해야 할 일은 민세와 관련한 자료의 수집 혹은 관련 자료의 소재 파악을 통해 기념관 조성에 대비하는 일이다. 향후에 가능한 원본을 중심으로 전시가 기획되겠지만, 불가피한 경우 모사작업을 통해서라도 전시물로 활용하기 위해서는 관련 자료의 소재파악이 매우 중요하다. 현재 민세 관련한 자료는 〈안재홍기념사업회〉, 〈고려대 박물관〉, 〈조선일보사〉, 〈독립기념관〉 등에 나뉘어 보관·관리되어오고 있다.

〈안재홍기념사업회〉는 민세의 『조선 상고사감』, 『신민족주의론』 등 관련 자료와 친필, 명함집, 사진 60여 종 등을 수집 혹은 유족의 기증으로 보관·관리해오고 있다. 고려대 박물관에는 2003년 유족이 기증한 해방 후 민정장관 시절의 공문서를 포함해서 약 250여 점이 보관되어있다. 독립기념관에는 유족의 기증으로 민세가 사용하던 도장 3종 등 유품 일부와 친필 원고 등 10여 점이 보관되어 오고 있다. 1920-30년대 민세가 주로 활동하던 〈조선일보〉에는 약 980편 가까운 민세가 쓴 논설 판형 일부가 보관되어 있다.

이 밖에 해방 후 〈한성일보〉 관련 자료는 국회도서관 등에 일부가 보관되어 있다. 사진의 경우에는 현재까지 민세기념사업회가 모은 자료들을 정리해서 별도의 "사진도록"으로 만들어 대량으로 보유하는 것도 추진해야 한다.

아울러 민세와 관련한 증언들, 민세와 형제 가족들의 이야기 등도 기념관 조성의 중요한 2차 자료로서 가치가 있는 만큼 하나하나 자료수집, 녹취, 영상자료 확보등을 통해 수집에 적극성을 보여야 할 것이다. 여기에는 민세 관련한 연구논문, 단행본 등의 자료도 포함된다.

4) 시민교육 프로그램 개발 운영과 기획사업 발굴 추진

안재홍 관련 자료수집과 학술적 조명사업의 지속이 안재홍에 대한 "기억의 보전"이라면 그동안 해온 것처럼 그 가치의 "전승"을 위한 노력도 필요하다. 교육은 안재홍이 평생 소중하게 생각해온 가치이다. 〈서울황성기독교청년회〉교육부 간사, 〈중앙학교〉 학감, 〈조선일보〉 시절 민중교육에, 1930년대 후반 고향 두릉리에서의 야학, 해방 후 〈중앙농림학교〉 설립 운영 등은 평생교육에 대한 민세의 애정을 엿보게 한다.

민세 공원조성과 민세기념관 운영에서도 시민 청소년대상 평생교육은 매우 중요하다고 할 수 있다. 박물관, 기념관의 평생교육은 실물자료를 활용하여 이루어지기 때문에 학습자들의 흥미유발에 용이하고, 자발적이고 폭넓은 학습자 층을 대상으로 하며, 능동적이고 학습의 시공간적 제약이 별로 없다. 따라서 안재홍 기념관을 통한 교육은 사회통합, 특히 지역사회통합에 결정적인 중요성을 가지게 될 것이다. 여기에서는 대학 교양수준의 강의를 개설하고 시민일반이 참여하여 민주시민으로서의 올바른 가치를 키우고 평생학습의 질적 발전을 위해 노력하는 '민세시민대학'도 검토해 볼만한 프로그램이다.

〈안재홍기념사업회〉는 지난 10여 년간 〈신간회〉 재조명에 힘써왔다. 〈신간회〉 재조명은 민세의 항일운동기 핵심활동이기도 하지만 〈신간회〉의 좌우통합정신을 자신의 삶속에서 일관되게 실천한 것도 안재홍이기에 이 사업은 향후에도 기념사업회 차원의 지속적인 활동협력이 요청된다. 앞으로 시간을 가지고 창립 당시 140여개에 달했던 〈신간회〉 전국 각지회에 대한 지역별 재조명, 신간회 참여 인물 등에 대한 조명에도 힘써야 한다. 아울러 민세공원 내에 신간회활동을 기념하는 연구실 · 자료실 혹은 기념관도 만들어나가면 좋을 것이다.

또한 〈안재홍기념사업회〉는 '백두산, '독도' 등 영토문제에도 관심을 기울여나가야 할 것이다. 안재홍은 1930년 백두산을 오르고 『백두산등척기』를 남겼고, 이 기행을 통해 "백두산정계비" 터를 마지막으로 확인하기도 했다. 안재홍은 민족의 성지이자 한민족 문화의 뿌리인 백두산에 남다른 애정을 가지고 있었다. 그 유업을 계승하고 향후 동아시아 정세변화와 남북통일에 대비하는 민간운동차원에서 백두산 관련한 자료수집, 백두산포럼 개최, 향후 남북관계의 긴장완화에 따라 민세가 갔던 길을 따라 가보는 백두산답사, 백두산 직항로 개발 시 백두산 홍보 등을 통해 민세 정신을 알리고 계승하는 작업도 해나갈 필요가 있을 것이다.

최근에는 안재홍이 민정장관 시절인 1947년 8월에 해방 후 최초로 독도조사대를 파견했다는 자료[33] 등도 확인되고 있어 안재홍 정신선양사업과의 연계가 필요하다. 1947년 〈독도조사대〉 결성과 파견에는 과도정부 민정장관 안재홍, 국사관 관장 신석호, 조선산악회 송석하 등 일제강점기 진단학회 활동을 했거나, 〈조선학운동〉을 주도했던 인물들이 참여했다. 이들은 식민지시대 이래 한국적인 것, 한국문화, 역사, 지리 등에 깊은 애정을 가지고 연구를 주도했던 인물로 연구자들은 특히 안재홍이 민정장관 직위에 있었던 점은 조선산악회가 독도조사에 동원될 수 있는 실질적 힘이 되었을 것이라고

---

33) 정병준, 『독도 1947』, 돌베개, 2010, 120쪽 이하 참조.

평가하고 있다.

그 이유는 1947년 8월 독도조사는 비밀리에 수행되었지만, 해안경비대의 전폭적인 지원하에 이루어졌고, 이는 당시 민정장관 안재홍의 조력이 아니었으면 어려운 일이었기 때문으로 보고 있다. 독도에 대한 조사작업이 필요했던 민정장관 안재홍은 소규모 공식조사단 파견과 더불어 대대적인 학술조사 활동을 민간의 조선산악회에 부탁했던 것이다. 실제로 과도정부 조사단으로 합류했던 국사관장 신석호는 〈독도조사단〉 공식보고서 성격의 논문에서 1947년 〈독도조사단〉의 유래, 구성원, 결과 등을 민정장관 안재홍에게 보고하는 것이라는 점을 분명히 했다. 정부수립 이전에 '독도'의 중요성을 인식한 정치가 안재홍의 탁월한 혜안을 확인할 수 있다.

1947년 〈독도 조사단〉 파견은 1948년 8월 대한민국 정부수립 이후 한국의 독도 인식, 정책, 여론 형성에 주도적 역할을 하는 계기를 만든 것으로 평가받고 있다. 즉 한국사회 여론 주도층들이 독도문제의 중요성과 분쟁 가능성, 한국 영유권의 역사, 증거문헌, 일본 침략의 구체적 실상 등을 명확히 인식했고, 이에 적극적으로 대처해야 한다는 공감대를 형성하게 됐다.

고덕 국제신도시에 88,595㎡(약 2만6천8백평) 규모의 민세역사공원이 조성되면 기념관 조성과 함께 "민세학"을 널리 연구하고 알리는 사업도 진행해 나가야 할 것이다. 특히 민세가 평생을 연구하고 실천한 "신민족주의"와 관련해서 연구소의 설립도 필요하다. 다문화시대의 민족주의가 가야하는 올바른 방향을 이 시대에 새롭게 고민해 나가야할 필요가 있을 것이다. 이 밖에 〈안재홍기념사업회〉는 장기적으로 다른 항일 운동가들의 기념사업 활성화에도 노력해야 할 것이다. 특히 건국 훈장 독립장 이상을 받았음에도 현재 조명받지 못하고 있는 순국선열, 항일 운동가들의 삶에 대한 재조명, 기념 사업회 창립의 지원 등에도 힘써야 할 것이다.

또한 '기념사업운영 매뉴얼' 제작을 통해 민세 못지않게 나라를 위해 헌신하다 운명하신 애국선열들의 재조명 작업에 많은 지혜를 제공해 나가야 할 것이다. 그리고 〈민세역사공원〉 조성 시에는 현재 전국 각지의 각 기념관 간의 네트워크를 구축하여 전 국민들이 전국각지에 산재한 기념관들을 통해 나라사랑의 큰 뜻을 배울 수 있도록 노력해 나갈 필요가 있다. 예를 들어 현재 전국각지의 항일역사인물 기념관은 대체로 해당 인물, 사건관련 상설 전시에만 집중되어 있어서 관람객의 지속적 흥미를 끌지 못하는 경우가 많다.

발상을 바꿔서 민세기념관은 다양한 기획전을 통해 민세만이 아니라 수백 명의 항일인물 기획전을 통해 소재의 한계를 극복하고 함께 사는 방법을 배우는 경험을 하게 될 것이다. 즉 어느 정도의 민세 재조명이 끝나면 그의 정신을 계승하는 차원에서 〈안재홍기념사업회〉는 민세에만 한정되지 않고 다양한 항일인물들을 함께 알리는 노력을 통해서 보훈기념사업의 진정한 의미와 가치를 확장시켜야 더 많은 사람들의 지지를 받게 될 것이다. 〈표 11〉은 향후 민세기념사업의 중기, 장기 과제를 단계별로 정리해 본 것이다.

〈표 11〉 민세기념사업의 중장기 과제

구분	주요사업	기간
중기	- 민세 공원 조성을 위한 연구 사업 - 민세기념관 조성을 위한 자료수집 사업 - 민세 정신 계승을 위한 평생학습 사업 - 신간회운동과 백두산, 독도 재조명 사업 - 민세공원 조성 관련 아이디어 실천 - 창의적인 민세기념관 조성 - 민세학 , 민족주의 연구소 창립	2016~2020
장기	- 항일인물기념사업 지원 - 민세정신 실천 교육문화 사업 전개 - 대표적인 항일역사인물 기념공원 정착	2020 이후

5) 안재홍 관련 생애 스토리 정리와 발굴

〈고덕국제신도시〉 안재홍 고택과 생가와 연계해서 〈민세역사공원〉과 〈안
재홍기념관〉 조성을 위한 준비 작업의 하나로 안재홍의 가계와 가족에 대한
정리와 자료수집 작업에 관심을 가져야 한다. 현재 대개의 국내 역사인물,
작가 등 유명인의 기념관을 보면 주로 해당 역사인물 개인에 초점이 맞춰져
서 자료 전시가 이루어진다. 그러나 한 역사인물에 대한 올바른 조명을 위해
서는 그 인물과 종횡으로 관계 맺고 살아간 사람들 기억도 포함되어 있어야
인물과 행적에 대한 이해를 도울 수 있다. 여기에 1차적으로 안재홍과 평생
을 함께했던 가족, 친지들에 대한 자료 수집과 정리도 꼭 필요하다. 민세와
함께 했던 가족의 이야기도 담을 수 있어야 기억에 충실한 살아있는 기념관
으로서 그 역할을 다 할 수 있을 것이다.

경기도 평택시 고덕면 두릉2리가 고향인 안재홍 선생은 순흥안씨 참판공
파 28세로 안중근 의사와 같은 파조의 집안이다. 이런 인연으로 안중근 의사
따님이자 김구선생 며느리인 안미생 여사가 1950년 5월 평택에서 2대 민의원
(현 국회의원)선거에 출마한 안재홍 선생을 돕기 위해 평택에 유세 지원을
하기도 했다. 또한 〈순흥안씨대종회〉 자료에 의하면 민세는 해방 후에 순흥
안씨를 포함해서 죽산안씨 등 여러 안씨 집안이 연합해서 1948년 창경궁에서
창립한 〈삼안친목회〉 초대 회장을 맡았다. 해방 전 사진 자료를 통해서도
경북 영주군 순흥면 종회 행사에 민세가 참여한 것이 확인된다.[34] 또한 순흥
안씨 종손의 활동을 경제적으로 지원하기도 했다. 이와 관련해서 순흥안씨
종손 안재찬씨는 한 언론과의 인터뷰에서 아래와 같이 회고한 적이 있다.

[34] 정윤재, 『다사리공동체를 향하여』, 한울, 2002. 46쪽. "1930년대 순흥안씨 문중모임"
사진자료.

　　(한국전쟁으로 서울로 월남해서) 고생을 많이 했어요. 그런데, 제가 회헌
선생의 종손으로서 위패를 모시고 왔으니 당시 저명한 순흥 안씨 어른들이
문회(門會)를 해 저를 적극 도와주었어요. 대표적 어른이 민세(民世) 안재홍
선생인데, 초대 종친회장으로 추대되어 일하셨죠. 문중 차원에서 대책을 세
워 당시에 사당을 지었습니다.35)

　　안재홍의 부친 안윤섭(安允燮)은 개화사상을 지닌 분으로 자식 교육에 힘
쓴 분으로 후손의 증언에 의하면 달빛조차 아껴가며 근면성실하게 논밭을
일궈 만석꾼이 되었다고 한다. 슬하에 안재봉, 안재홍, 안재학, 안재직, 안재
숙 등 자녀를 두었다. 민세의 큰형 안재봉(安在鳳)은 고향을 지키며 동생들
교육을 지원하기도 했다. 슬하에 1남 2녀를 두었다.

　　안재홍 선생은 부친집이자 큰형 안재봉씨 집에서 태어나고 자랐다. 큰형
안재봉은 평택 고향에서 네 형제가 분재한 소유 농장을 일일이 혼자 관리하
고 서울에 있어야만 될 가족들을 위해서는 종로구 평동에 집 한 채를 준비하
고 살림 뒷바라지까지 해주었다. 그 집에서 안재홍은 〈조선일보〉에 다녔고,
동생 재학, 여동생 재숙 등 집안 식구들은 학교등에 다녔다. 또한 그 집에
연접한 작은 집 한 채를 더 사서 서울로 전학한 자녀와 조카들의 숙소로 삼았
다.36) 종로구 평동집은 해방 후 해외에서 돌아온 김구 선생이 거처했던 〈경
교장〉과 가까웠고, 강북삼성병원 후문 쪽에 위치했으나 현재는 멸실됐다.

　　안재홍의 사촌동생 안재준은 서울 정신여고 교사 시절에 학교 제자로 수
주 변영로 시인(민세의 서울 황성기독청년회 학관 후배)의 형인 초대 외무장

---

35) 인터넷 데일리 한국, 2007.2 종가기행 35 "순흥안씨 회헌 안향" 종손 안재찬씨 인터뷰
　　자료.
36) 최은희, 〈교우반세기〉, 『민세선집 3권』, 지식산업사, 1991, 450쪽.

관을 지낸 변영태씨의 따님을 안재봉의 외아들 안우용에게 소개해서 며느리로 민세집안과 인연을 맺었다. 민세의 동생 안재학(安在鶴)은 연희전문대를 거쳐 한국인 최초로 독일 베를린으로 유학 가서 의학을 공부하고 국내에 돌아와 경신중학교 교무주임 등 교육계에 종사했다. 안재학의 큰아들 안화용은 우리나라 관절전문 의사로 세광병원장을 지냈다.

안재홍의 사촌동생 안재준은 후에 서울 농대 교수를 역임했고 그 아들 안건용 서울농대 명예교수도 조경학 박사로 서울농대에 조경학과를 신설하고 초대 학장을 역임했다. 여동생 안재숙은 해방 후 경기도 수원 출신 4선 국회의원을 역임한 홍길선 의원의 부인이기도 하다.

안재홍의 부인 이정순 여사는 1937년 4월 7일 폐렴으로 작고했다. 민세는 후에 김부례 여사와 재혼했다. 김부례 여사는 1950년 민세가 북한군에 납북된 이후 민세 관련 자료보관과 민세선집 출판에 힘썼다. 2000년 11월에 작고했다. 1946년 1월 간행한 〈조선상고사감〉에는 이정순 여사와 김부례 여사에 대한 안재홍의 고마운 마음을 담은 서문이 실려 있다.

　무인년(1938년)의 봄이다. 나는 2년형의 몸으로 보석을 받아 나와 고향집 사랑방에 들러붙어 앉아 주야로 이 전집을 집필하고 있었다. 죽은 아내인 정순의 근심병이 이미 뼈에 사무친 때였다. 어느 날 억지로 기운을 내어 나에게 슬프게 하소연하기를 "어찌하여 하루도 쉬지 못하십니까?"라고 하였다. 나는 그의 남은 생명이 멀지 못한 것을 알고 있었기 때문에 천천히 응하여 말하기를 "이 책은 반드시 후인에게 전할 것이오. 이 책의 서두에 그대가 나로 인하여 수없이 고생한 사실을 쓰리다"라고 하였다.
　내가 투옥되기 전에 아내는 먼저 죽었고 이제 이미 유명이 갈렸다. 나는 그와의 언약을 저버릴 수 없어 이러한 내용을 여기에 적는다. 임오년(1942년) 겨울에 나는 함경남도 홍원군에 있는 북옥에 수감되었다. 새로운 아내인 부례는 이 초안이 나에 대한 일제의 재수사로 압수될 것을 걱정하여 초고를 싼 보따리를 처갓집의 콩항아리 속에 묻어두고 홀로 고독의 슬픔을 참았다.[37]

민세는 큰아들 안정용, 작은아들 안민용, 외동딸 안서용 등 삼남매를 두었다. 장남 연곡 안정용은 1915년 평택에서 태어나 1927년 서정리 공립보통학교를 졸업(제2회)하고 1928년 경성 제1고등보통학교(지금의 경기중고 전신)에 입학했다. 재학 중인 1929년 광주학생운동에 참여했고, 1933년에는 보성전문학교 상과에 입학, 1936년 졸업했다. 이후 정인보 선생의 주선으로 민족기업가 유일한 박사가 세운 〈유한양행〉에 취직했으며 1943년 보인당 제약을 인수하여 전무 겸 취체역으로 경영을 담당했다.

1945년 해방과 함께 8월 20일 〈건국 추진대〉를 결성, 건국운동에 참여했다. 1945년 12월 신탁통치문제가 제기되자 반탁중앙위원회 중앙위원으로 반탁운동에 참여했고 국민당 중앙위원에 피선됐다. 이어서 출판사 〈민우사〉를 창립하고 부친 안재홍의 해방 후 국가건설이념을 담은 〈신민족주의와 신민주주의〉, 〈한민족의 기본진로〉와 같은 저서를 간행했다. 1946년 3월 민족문제연구소를 창립하고 사상적 혼란기에 민족과 청년의 진로 올바른 진로모색을 위해 힘썼다.

1946년 〈한성일보〉 논설위원으로 활동하며 〈독립촉성전국청년회〉를 창립하였다. 1947년 국민당이 한독당과 합당하여 한독당 중앙위원으로 활동했다. 1948년 신생활운동 지도단체인 〈신생회〉 중앙위원에 피선됐고, 〈조선효모공업주식회사〉 대표이사에 취임했다. 1950년 5월 실시된 제2대 민의원(현 국회의원) 선거에서 민세가 고향 평택에서 출마하자 부친의 선거를 도왔다.

37) 안재홍 지음, 김인희 역주, 『조선상고사감』, 우리역사연구재단, 2014, 17쪽.

6 · 25로 부친이 납북 당한 이후에는 이승만 독재를 비판하며 1955년 혁신
세력의 대동단결운동에 참여 〈민주혁신당〉 창당준비위 상무부장, 정책위원
등을 역임했다. 1958년 〈보안법 반대 국민대회〉 준비위원장, 1959년 〈민권수
호국민총연맹〉 상무위원, 1960년 〈한국사회당〉 간사장을 역임했다. 1962년
평택에서 〈한국사회당〉과 혁신진영 연합공천으로 평택에서 국회의원에 출
마하기도 했다. 1969년 〈삼선개헌반대범국민추진위원회〉 위원장으로 활동
하며 반독재운동에 헌신하다가 1970년 별세했다.[38]

안정용은 〈쌍용〉 설립자 김성곤씨와 지우였다. 또한 민세가 공부한 일본
〈와세다대학〉을 나온 후배인 삼성그룹 창업주 이병철회장과도 젊은 시절 사
업을 함께한 인연도 있어, 해방 후 안정용의 정치활동에도 도움을 주었다.[39]
그래서 1970년대 중반경에 이병철 회장이 평택시 고덕면 두릉리에 있는 안재
홍 선생 고택을 직접 방문, 과거 인연을 회고하며 현재는 보호수로 지정된
고택내 150년된 향나무에 특별한 관심을 표했다고 한다.

안정용은 민세가 김좌진 장군의 아들 김두한씨를 일제시대 때부터 도운
인연으로 오랜 기간 친구로 지냈다. 안정용은 아버지 민세와 달리 외향적
지사형으로 호방하면서도 그릇이 큰 인물이어서 불의를 보고 참지 못했으며
인정이 많아 주위로부터 많은 존경을 받았다. 1960년대에는 매헌 윤봉길의사
선양사업에도 나서 기념사업회 창립에도 기여했다. 안정용은 슬하에 아들
영찬, 영덕, 영진, 영운, 영건, 딸 혜초, 혜옥을 두었다. 안정용은 부친의 항일
운동과 9번의 투옥으로 그 고난을 함께 짊어져야 했다. 후에 안정용은 부친
을 회고 하면서 다음과 같은 글을 남겼다.

---

38) 민세안재홍기념사업회 편,『민세와 두릉리 가족이야기 1』, 2009.
39) 민세자부 김순경여사 회고, 안재홍 고택 인터뷰, 2016.6.

우리 부자간의 생태는 그리 흔하지 않은 유형에 속한다고 할 수가 있다. 일생을 항일운동에 종사하며 투옥되지 않으면 객지에 나가있어서 사생활이 공백 상태이었던 나의 부친에게는, 가족과 동거하여 단란한 생활을 가진 적이 극히 제한되어 있었기 때문에, 사십이 넘은 나에게도 아버지와 한집에서 기거한 날이 1,2년 될까 말까 하기 때문이다. 그러므로 애정에서 이해로의 누구나의 코스를 나는 거꾸로 걸어서, 이해하는 데서 애정을 느끼곤 하는 것이었다. 아버지의 무릎을 모르고 자란 반면에 나에게 아버지는 사숙(私塾)하는 스승이요, 숭배하는 우상이요, 향수와 같은 전설이었다.[40]

작은아들 안민용은 1918년 평택시 고덕면 두릉리 지금의 민세 고택에서 태어났다. 일제 강점기 민세가 학감으로 잠시 근무했던 중앙학교를 졸업하고 일본으로 유학을 가 부친이 나온 〈와세다대학〉에 유학, 문학부를 졸업했다. 민세를 닮아 조용하고 내향적인 성격으로 알려졌다.[41] 6·25때 고향에서 지병으로 사망했다. 슬하에 아들 영돈, 딸 혜광, 혜령을 두었다.

외동딸 안서용은 1925년에 태어났다. 서울 배화여고를 졸업했으며 박정희 대통령 부인 육영수여사와 고등학교 동창이다. 민세는 외동딸이라 안서용씨를 각별하게 생각했다고 한다. 안서용씨는 "아버지는 늘 글쓰기를 좋아하고, 자상하셨으며 강직하고 온화한 성품이었다"고 회고하고 있다.[42] 슬하에 아들 이돈영, 딸 이선영, 이낙영을 두었다.

안재홍은 고향 평택과 관련해서 글을 많이 남기지 않았다. 『민세 선집』에 고향에 관한 회고의 글이 몇 편 전한다. 지금의 고덕면 율포리 〈미군알파탄약고〉 정상 등에서 바라본 것으로 추정되는 고향 마을 주위 풍경으로 주변

40) 민세안재홍선집간행위원회, 『민세선집 4권』, 지식산업사, 1995, 364쪽.
41) 민세 손자 안영돈 증언, 2009.6.
42) 안서용씨 아들 이돈영 회고 인터뷰, 2009.6.

지역의 역사적 의미를 간략히 서술하고 있다.

　　나의 고향 평택군 두릉리는 평원과 구릉지대에 있어 해발 수백척쯤의 산
마루에 오르면 원근 수백리 산하가 둘러보인다. 동남으로 백제 창업의 땅이
라는 성거산이 보이고, 그 북으로 임진란과 청일전쟁의 격전장인 소사가
보인다. 북방으로 수원 독산성 보이니, 임진역에는 도원수 권율이 오산일경
에 집결된 왜적을 격파하던 땅이요, 북동의 광교산은 몽고란, 임진란, 병자
호란에 선민격전 또는 패전의 땅이요 용인군의 석성산도 몽고란의 격전장
이다. 동으로 안성의 고성산은 임진란에 의병장 홍수남의 방어진지다. 그리
고도 먼 북으로 시흥군의 수리산, 서울의 삼각산이 모두 바라보인다. 서북으
로 건달산, 쌍봉산, 마루산 모두 임진란의 고전장이고, 서남으로 아산만 바
다 굽이는 안성강에 연달아서 산하 영대(映帶)하는 맛 있고, 덕산의 가야산,
홍주의 오서산, 아산의 영인산과 천안 방면 모든 산이 보이는 데 이충무공
순신의 영령이 길이 머물러 있는 아산의 백방산이 빤하게 건너다보이어,
안성강 흰 깁 같은 개울 저 밖으로 놓여있다.[43]

　　민세는 〈조선학운동〉과 함께 1936년 이후 고향 평택에 내려와 다산 정약
용의 〈여유당전서〉를 교열하기 시작한다. 이 작업은 친구 위당 정인보와의
공동작업으로 진행했다. 민세는 고향에서의 이 시기를 회고하는 글을 남겼
다. 이 때 그는 다산 정약용의 시를 즐겨 외웠다.

　　愁亦下飲酒 飮亦不賦詩 寂寞南窓下 坐看花一枝
　　술을 마셔도 시는 지어지지 않는구나
　　적막한 남창 아래에서 앉아서 꽃 한가지를 보네

43) 안재홍, 〈뇌옥심심인부도〉, 『민세선집 5권』, 지식산업사, 1999, 108쪽.

민세는 이 시와 관련 "일제말년 내 평택군 두릉리 촌사(村舍)에 홀로 있을 적에 다산의 여유당 전서를 교정한 일이 있어 다산시의 오언일절이 퍽 마음에 들었던 것이 생각났다. 술도 아니하고 시도 아니 짓는 나에게는 이 다산의 풍이 가장 마음에 찾았다. 남창 앞에 몇 포기 꽃을 가꾸어두고 의자에 홀로 기대어 이 시를 외우는 것이 한 정취였다"고 회고하고 있다.[44]

지금은 일부 허물어진 〈안재홍 생가〉는 아버지 안윤섭과 큰형 안재봉의 집이다. 이 집 서재 사랑 동벽에 어려서부터 애송하던 시가 있다고 민세가 회고 하는 글도 있다. 2016년 9월 〈한국토지주택공사〉는 이곳 원래 〈안재홍 생가〉에 대한 존치하기로 결정했다. 후에 이 생가에 대한 원형 복원과 보수가 이루어지면 귀중한 자료로 활용될 수 있을 것이다.

獨對靑燈坐
看書猶未眠
不知疎雨過
星月滿凉天

푸른 등불 앞에 하고 홀로 앉아
책을 보아도 잠은 오지 않네
간간히 비가 지나감도 알지 못하고
밝은 별과 달은 차운 하늘에 가득하네

민세는 이 시와 관련해서 다음과 같은 회고를 남겼다.

"지금까지 나는 이 시 작자를 모른다. 내가 자라던 선인의 서재 향제(鄕

---

44) 안재홍, 〈뇌옥심심인부도〉, 『민세선집 5권』, 지식산업사, 1999, 108쪽.

第) 사랑 동벽에 붙어있어 소년적부터 애송하던 시이다. 옥창에서 취침전 창외에 비듣는 소리 들려올 때에 향수섞인 듯이 이 시를 외워 보는 때 있었다."45)

2010년 7월 민세 선생 외동딸 안서용씨가 남긴 앨범에서 두릉리를 떠나 1918년 8월 〈서정리역〉과 〈동령마을〉을 거쳐 〈부락산〉을 따라 〈고성산〉에 올랐을 것으로 추정되는 귀한 사진 자료를 찾았다. 〈서정리역〉과 〈서정리시장〉은 민세가 경향각지를 오가며 자주 들렀던 장소들이기도 하다. 술 담배를 하지 않고 미식을 좋아하지 않던 민세였지만 역에서 시간이 날 때 가끔 들려 국밥도 먹었다. 여기자 최은희는 민세가 부인 이정순여사가 가끔 끓여준 '백숙'을 먹고 〈조선일보〉에 출근했고, 설렁탕을 먹었다고 회고하고 있다. 민세의 장남 안정용이 2회로 졸업한 〈서정리 초등학교〉는 해방 후에는 신국가 건설의 구상을 위한 '시국강연'을 위해 들렀던 곳이다.46)

민세의 글 가운데 서정리역에 대한 기억을 일부 담고 있는 글은 경부선 기차를 타고 남으로 내려가며 쓴 기행수필 '춘풍천리'다. 여기에서 그는 "밤에 한강물을 건너는 진위행 열차 도중에는 선로를 따라 있는 땅의 춘색을 엿볼 수가 있었다. 고향에 있는 집에 머문 하루 분묘를 돌아보다 쓸쓸한 할미꽃을 보았다. 복숭아꽃, 살구꽃 , 개나리꽃 등은 이제 막 꽃망울을 터트리려 하는 즈음이었다"47)며 서정리역과 고향에 대해 회고하고 있다

가족 다음으로 민세와 평생을 교유했던 인물들의 회고 등도 민세를 이해하고 평가하고, 다양한 전시자료의 개발과 기획전의 소재로 활용할 수 있을

45) 안재홍, 〈뇌옥심심인부도〉, 『민세선집 5권』, 지식산업사, 1999, 111쪽.
46) 한인희 회고, 〈2015 부락산역사문화아카데미〉, 평택시민아카데미, 2015.12.
47) 안재홍 지음, 이민희 역주, 『춘풍천리』, 지식을 만드는 지식, 2011, 154쪽.

것이다. 다행히『민세 선집』부록에도 함께 했던 여러 인물들의 민세에 대한 회고가 있어 안재홍 이해의 폭을 넓힐 수 있다.

2000년 3월 1일 평택에서는 처음으로 안재홍 생가에서 〈제35주기 민세 안재홍 선생 추모식〉이 열렸다. 쌀쌀한 날씨에도 많은 분들이 참석했다. 당시 80세 넘은 두릉리 촌로 한분이 생가 사랑채에서 자신의 어려서 본 민세 선생에 대한 기억을 전했다.

제가 열 살 정도 됐을 때지요. 여기 생가 사랑채에서 안재홍 선생이 마을 청년들에게 한글을 가르치셨어요. 숙제를 꼭 내주셨는데 다음날 안해가면 꼭 회초리를 드셨어요. 너희가 이렇게 배우지 않으면 조선은 독립할 수 없다며 호되게 야단치셨어요. 평소에는 인자하신 분이었는데 회초리를 들때는 아주 매서운 분이셨어요. 아침에 일찍 일어나셔서 월명산과 지금은 미군탄약고에 편입된 산 위에 자주 오르셨어요. 걷는 것을 좋아하셔서 서정리로 해서 부락산 고성산도 가셨어요. 사랑채에 계실 때는 공부만 하셨어요 가끔 점심 때에 문이 열렸던 것이 기억나요[48]

1940년대 초에 재혼한 안재홍의 부인 김부례 여사도 남편에 대한 회고의 글을 남기고 있다. 김부례 여사는 십수년을 함께한 부부로서 안재홍의 청렴과 원칙적인 삶을 증언하고 있다. 딸 안서용씨 부부의 증언과도 일치하는데 1946년 딸 서용씨 결혼식때 청첩장을 내지 않고 일가친척만 모여 결혼식을 한 것이 그 예이다. 안재홍은 돈을 아껴 일제 때는 신채호 선생과 김좌진 장군의 가족도 도왔고 해방 후에는 함께 독립운동을 했던 동지의 자녀 학비를 지원했다.

....

48) 두릉리 노인의 증언, 안재홍 고택, 2000.3.1.

1947년 민정장관 했을 때 남의 돈·예물 받으면 돈 준 사람이 누른다고 돈은 안 받고 과일·계란·생선·고기는 받았습니다. 친척이 와서 취직시켜 달라고 하면 나 없는 폭 잡으라고 거절했습니다. 삼남매 결혼 때 친구에게 폐 된다고 청첩장 안 냈습니다. 술·담배하는 돈으로 형편이 어려운 아이 공부시키면 개인적으로 좋고 대한민국에도 좋다고 말씀했습니다.[49]

해방 후 민정장관 시절 서울대 영문과 학생이자 여비서로 지근거리에서 민세를 지켜봤던 이정상도 안재홍의 청렴한 태도와 관련해서 증언을 남기고 있다. 1950년 봄 민세가 사장을 지낸 〈한성일보〉 기자 엄기형과 덕수궁에서 결혼할 때 안재홍이 주례를 섰던 이정상은 2011년 안재홍의 납북 당시 정황을 증언하여 민세의 명예회복에도 기여했다.

1948년 초 어느 날 장관님의 부재중에, 어떤 방문객이 장관께 전해달라면서 흰 봉투를 맡기고 갔다. 장관님이 귀청하자 그 봉투를 전했더니 장관께서는 깜짝 놀라시면서 즉시 본인을 찾아 돌려주라고 엄명하셨다. 나는 즉시 그 사람을 찾아가서 그 봉투를 돌려주었다. 그런데 그 당시 공창폐지운동이 확산되자 이를 반대하는 포주들이 거금 700만원을 공창폐지 연기운동 자금으로 정계에 제공했다는 설이 유포되었다. 민정장관 연루설도 보도되는 등 큰 정치문제화 했다. 미군정 당국도 큰 관심을 갖고 조사했고 민세 선생도 사직당국에 철저히 조사를 요청하고 결백 담화를 발표했다. 나는 딘 군정장관 앞에 증인으로 나가 선서하고 "그 봉투는 틀림없이 즉시 돌려주었다."는 사실을 증언했다. 또 이전부터 잘 아시는 김병로 사법부장을 찾아가서 사실대로 말씀드렸다. 이 사건은 반대 세력들의 정치공세로 이용하려 시도했지만 수표 봉투 반환 사실이 백일하에 드러나자 정적들은 잠잠해지고 국민들

---

49) 김부례, 〈나의 한, 김부례〉, 『민세선집 4권』, 지식산업사, 1991, 363쪽.

은 민세 선생의 결백을 신임했다. 만약 그 때 그 봉투를 잘못 처리했더라면 민세 선생의 정치활동에 큰 타격이 되고 명예는 크게 훼손될 뻔 했다. 젊은 시절의 순진한 나는 해방 조국의 과도정부 심장부에 근무하면서 정치판의 부조리를 뼈아프게 체험했다. 근 반세기가 지난 지금도 그 당시의 일들이 잊혀지지 않는다.[50]

언론인으로 함께 활동했던 이관구와 유광렬도 일제강점기 민세와의 소중한 인연에 대해 귀중한 회고의 글을 남기고 있다. 이관구는 함께 학교를 다닌 기억을, 유광렬은 〈조선일보〉 시절 궁핍한 가운데 항일 사설 집필에 몰두한 민세에 대한 기억을 남기고 있다.

(서울)YMCA 중학 시절에 위반의 민세 선생 형제 한분과 아랫반의 우리 형제가 각각 한반에서 공부하였기 때문에 남의 눈길을 끌었을 뿐만 아니라, 이런 기연으로 인해 피차의 정의도 두텁지 않을 수 없었다. 월남과 우사 두 분 선생님의 훈도를 받으며 같은 학창에서 지내던 일이 먼저 기억에 떠오른다.[51]

그 후 〈조선일보〉 사장이 된 일이 있으나 재정난은 여전하였다. 월급은 아예 받을 생의도 아니 하고, 사원들의 고생은 자심하였다. 주필실에서 사설을 집필하던 그는 급사에게 "예 시장하여 못 견디겠다" 하면서 양복 주머니에서 미숫가루와 설탕을 꺼내 물에 타오라 하면서 쓰는 때도 있었다.[52]

50) 이정상, 〈근엄하신 민족주의자〉, 『민세선집 7권』, 지식산업사, 2008, 282쪽.
51) 이관구, 〈민세선생 12주기에 즈음하여〉, 『민세선집 1권』, 지식산업사, 1981, 570쪽.
52) 유광렬, 〈곧은 필봉, 빛나는 절개〉, 『민세선집 1권』, 지식산업사, 1981, 577쪽.

〈중앙학교〉 시절 제자였던 국어학자 일석 이희승도 스승 안재홍과 관련한 〈중앙학교〉 시절과 민세의 제자 독립운동 자금 지원 관련 회고를 구체적으로 남겼다. 이희승은 후에 〈의열단〉을 이끌며 중국지역 내 항일운동의 핵심 인물이었던 약산 김원봉과 함께 〈중앙학교〉 시절 대표적인 제자다. 일석은 해방 후 서울대 국문과 교수, 동아일보 사장, 단국대 동양학연구소장 등을 지내며 한글 등 한국학 발전에 크게 기여했다.

1916년 4월에 나는 현 중앙중고등학교의 전신인 중앙학교(4년제) 3학년에 편입학하였다. 인촌 김성수 선생이 이 학교를 넘겨 맡으신지 얼마 안 되어서의 일이었고, 당시 이 학교에는 유근(柳瑾) 선생이 교장으로 계셨으며 학감으로 민세 안재홍 선생이 취임한지 1년이 채 못 되어서의 일이었으니 필자는 이때에 처음으로 민세 선생을 뵙게 되었던 것이다. 선생은 매일 조회 때에 일장의 훈화를 하시는 것이 상례로 되어 있었으며, 그 말씀이 결코 달변이라든지 웅변은 아니었지만, 무엇인가 절절히 학생들의 마음속에 파고드는 듯한 감명을 주곤 하였다. 선생은 우리 반의 담임이기도 하였다. 점심시간이면 담임선생님이 도시락을 싸가지고 오셔서 교실 안에서 학생들과 함께 식사를 하며 여러 가지 이야기도 나누는 것이 당시 각 학급의 상례로 되어있었다.

하루는 선생이 식사를 마치신 후 도시락 그릇을 신문지에 꾸려가지고 나가시다가 젓가락을 교실 마룻바닥에 떨어뜨렸다. 그 젓가락은 곱돌로 만든 것이다. 짤깍하는 소리와 함께 도막도막 부러지고 말았다. 보통 사람 같으면 집어들고 보든지, 그렇지 않으면 한번쯤 돌아다보기라도 하는 것이 상정같이 생각되건만 선생은 그 젓가락이 떨어지는 소리를 들었는지 말았는지 극히 대범하게 담담한 태도로 교실에서 나가버리셨다. 나는 그 때 민세 선생은 보통 분이 아니시구나하는 경탄의 인상을 받은 것이 오늘날까지도 마음속에 살아있다.

중앙학교를 졸업한 다음 해의 일이었다. 나와 중앙학교의 동기 졸업생은 모두 사십 명이었는데 그 중 최연장자로 이승호 군이라는 청년이 있어 이 사람도 독립만세운동의 와중의 인물임에 예외일수는 없었다. 국내에서 이리저리 쫓겨 다니다가 국외로 망명할 결심을 하였다. 우리 임시정부가 있는 상해로 목적지를 삼았던 것이다. 이 군은 그에 필요한 여비 조달을 민세 선생에게 부탁하였으나 약속된 날 이군이 직접 가지 않고 나에게 대행하여 줄 것을 의뢰하였다.

1919년 8월 어느 날 복더위가 한창 기승을 부리던 때였다. 나는 경부선 기차를 타고 서정리역에서 내려 서쪽으로 야트막한 구릉을 넘어 세 마장 남짓한 길을 걸어가서 두릉리라는 동네에 이르게 되었다. 이곳이 민세 선생의 고향이요 당시 선생은 이 고향 자택에서 울적한 나날을 보내고 계셨다. 선생의 백씨 안재봉 선생은 이 지방의 봉토가로서 저택도 상당히 컸으나 선생의 자택은 시골 살림집으로서는 아담한 집이었다. 내가 찾아뵙는 것이 의외라고 생각하신 것 같았으나 뜰 아래로 내려와 손을 잡으며 매우 반겨주셨다.

그리고 근일의 서울 시내 정황을 여러 가지로 물으시므로 아는 대로는 자세히 말씀을 드렸다. 이군의 편지를 드리자 선생은 알겠노라고 고개를 끄덕끄덕 하셨다. 선생은 나에게 잠깐 기다리라고 말씀하시고 밖으로 나가시더니 한 식경이나 지난 후에 돌아오셔서 두툼한 봉투 하나를 나의 손에 쥐어주셨다. 일금 백오십 원이었으니 그 당시 화폐로는 상당한 거액이었던 것이다. 필경 선생의 백씨장께 가서 변통하신 것이라고 여겨졌다. 나는 백번 사례를 하고 그 길로 상경하여 이군에게 전해주었다.[53]

일석은 1942년 10월 〈조선어학회 사건〉으로 스승 안재홍과 함께 옥고를 치른다. 감옥에서 스승 민세 선생의 꼿꼿한 태도를 증언하고 있다. 이 사건은

53) 이희승, 〈민세 선생을 추모함〉, 『민세선집 3권』, 지식산업사, 1991, 437쪽.

일제의 한글말살 정책의 하나로 기획된 것으로 극심한 고문 때문에 한징, 김윤경 두 분은 옥사했다. 일제강점기 한글운동에 힘쓴 〈조선어학회〉의 실질적 주도자는 고루 이극로였다. 여기에 일제의 1930년대 〈황국신민화〉 정책을 간파하고 〈조선학운동〉을 통해 다산 정약용 재조명, 한국고대사 연구로 맞선 것은 안재홍이었다.

언어를 없애 민족혼을 말살하여 자연스럽게 일본에 동화된 조선을 계획한 일제로서는 두 사람이 눈에 가시 같은 존재였다. 친구 고루의 **뺨**을 때리라는 비열한 고문을 단호히 거절한 민세의 태도는 '고절의 국사'다운 모습이었다.

> 선생의 행장 중에는 여러 가지 풍부한 일화거리를 남기셨지만 기록에도 남지 않고 오늘날 잘 전하여지지 않는 한토막을 여기에 피력하지 않을 수가 없다. (조선어학회 사건)으로 민세 선생이당한 정신적 고문 가운데 하나는 조선어학회의 간사장(대표자)인 이극로에 대한 문초를 선생에게 시키면서 바른대로 대답하지 않을 경우에는 그 **뺨**을 때리라고 강요하는 것이었다. 이러한 경우는 참으로 진퇴유곡으로 난처한 궁지에 몰리는 일이 된다. 이극로의 **뺨**을 때리자니 친한 친구간에 차마 못할 노릇이요 아니 때리자니 자기 발등에 불이 떨어져 기막힌 고문이 자기 자신에게 가하여질 것이 불을 보는 것보다 더 분명한 노릇이다. 웬만한 사람 같으면 자기 자신의 재난을 피하기 위하여 친구의 **뺨**을 한번쯤 때기기가 쉬울 것이다. 그러나 민세 선생은 정색을 하면서 '나는 죽으면 죽었지 저 친구 **뺨**은 칠 수가 없소'하고 거절하였던 것이다. 나는 그 광경을 보고 다시 한 번 민세 선생의 고매한 인격에 탄복하였다.[54]

---

54) 이희승, 〈민세 선생을 추모함〉, 『민세선집 3권』, 지식산업사, 1991, 440쪽.

자료를 통해 한국 최초의 여기자로 안재홍과 〈조선일보〉를 통해 인연을 맺은 최은희씨도 회고의 글을 남겼다. 특히 민세의 가족들과 가까이 지내면서 안재홍의 일상 삶을 솔직하게 많이 접한 인물이라 다양한 개인적 이야기를 증언하고 있다. 도시락을 싸가지고 다닌 민정장관, 그것이 최은희씨가 회고하는 청렴한 안재홍의 있는 그대로의 모습이다.

그는 술과 담배를 모르고 미식을 하지 않으니 낭비가 없었다. 그 대신 중국에 망명한 독립지사 단재 신채호, 백야 김좌진의 가족들에게 생활보조가 있었다는 것이요, 신수범의 학비를 지급한 일도 있었고 김을한이 〈조선일보〉 특파원으로 함경도 지방 출장을 갈 때에도 자기가 입은 털내의를 벗어주며 '거기는 추운 지방이야, 입고 가' 하더라는 것이다. 그는 부하를 사랑하고 동지에게 의리를 지킴으로 해서 따뜻한 고기구이 한 접시 진지상에 오르는 것을 보지 못하였다. 해방 후 보건부인회 일로 도움을 청하러 갔을 때의 일이다. 민정장관실에서 정오가 되니까 운전수가 국방색 인조보자기에 싼 점심 찬합을 들고 들어와 끄르면서 '장관님이나 저희들 도시락이나 마찬가지 반찬이에요. 조석 진지상에도 짠 무김치면 제일이요 월급에서 가난한 친구분 자제의 학비를 떼어내시거든요' 하는 말에 모시고 나가서 오찬을 함께 하려던 좌중은 숙연하였다.[55]

---

55) 최은희, 〈교우반세기〉, 『민세선집 3권』, 지식산업사, 1991, 452쪽.

6) 안재홍 생가 · 고택의 보전과 민세역사공원 조성 준비

〈사진 26〉 안재홍 고택
〈경기도 기념물 135호〉 (1992년 지정) · 〈국가보훈처 현충시설 13-1-04호〉 (2003년 지정)

〈사진 27〉 안재홍 실제 생가

경기도 평택시 고덕면 두릉리에는 안재홍 고택과 생가가 있다. 이 마을은 안재홍이 태어나서 자란 마을로 민세 안재홍과 관련한 여러 가지 흔적이 남아 있다. 1913년 지은 초가집과 민세가 결혼 후 분가하여 지은 사랑채, 당시 사용하던 우물과 민세가 가장 좋아하던 꽃인 "능소화" 등의 흔적이 남아 있는 곳으로, 1992년 경기도 문화재로 지정되었다. 특히, 이곳 사랑채는 민세와 관련한 많은 이야기의 흔적이 남아 있는 곳이다.

1930년대 후반 조선학운동을 주창하며 고대사연구에 몰두하던 민세, 특히 교육과 계몽의 중요성을 강조하며 마을 어린이들을 가르치던 교육자로서의 모습, 매일 새벽 인근 월명산을 오르며 항일의 뜻을 키워 나가던 기억과 흔적의 공간이자 민족정기의 학습장으로 가치가 있다. 아울러 이곳을 방문하는 시민·청소년들에게 나라사랑과 문화재의 소중한 가치를 일깨울 수 있는 학습의 공간이기도 하다.

민세 안재홍의 치열한 항일독립정신의 흔적과 기억이 녹아 있는 이 장소는 단순한 보존에 그치고 마는 것보다는, 향후 제대로 된 역사의식 확산에 기여하기 위해 그 의미를 기억하고 전승하기 위해 공간을 잘 활용하려는 노력이 요청된다.

민세 안재홍 생가와 같은 이러한 근현대 역사문화 유산의 공원화와 보전이 갖는 의의는 주민들에게 도시환경의 쾌적성과 정체성을 부여하여, 주민들로 하여금 자신들이 살고 있는 도시에 대한 애착 및 도시구성원으로서의 소속감을 갖게 해주고 시민의식도 성장시키는 의의를 갖는다. 역사 공간의 연륜은 시간의 흐름 속에서 강한 지탱력을 보여줌으로써, 도시거주자들의 일상생활에 있어서 장소의식을 조성하며, 시간의 영속성을 나타내는 강력한 지표물로서 도시환경에 활력과 다양성을 주기도 한다.

한국토지주택공사는 2016년 9월 그동안 〈안재홍 생가〉로 알려진 현재의 고택 인근 실제 〈안재홍 생가〉를 보전·존치하기로 결정했다. 부친 안윤섭, 큰형 안재봉씨 집과 숙부 안태섭씨 집이 맞붙은 이 곳은 안재홍이 태어나고 자란 집이나 현재는 숙부집과 행랑채 등 일부만 남아있다. 다행히 이곳이 존치 보전이 결정돼 그동안 〈안재홍 생가〉로 알려진 〈안재홍 고택〉과 실제 〈안재홍 생가〉의 역사성을 잘 보전하면 향후 민세 홍보와 다양한 교육문화 프로그램개발에도 활용도가 높을 것이다.

〈사진 28〉 고덕국제신도시 민세역사공원 예정부지

　원래 이곳 〈안재홍 생가〉와 그 주변지역은 2006년 6월 평택시의 "안재홍 생가 종합 정밀진단 및 정비보존계획"에 의거 향후 장기계획 추진시 역사 공원 조성을 추진했다. 이후 경기도와 한국토지주택공사는 약 88,595㎡(약 2만 6천 8백 평) 규모로 〈민세역사공원〉 추진을 확정했다. 2020년까지 완공 예정인 고덕국제신도시내 〈민세역사공원〉의 상징성을 살리기 위해 〈안재홍 생가〉, 〈안재홍 고택〉과 연계한 〈안재홍기념관〉과 〈신간회기념관〉 등의 건립도 적극 준비해나갈 필요가 있다.

기념관은 현재 세대가 미래 세대에게 의미 있는 과거 세대의 기억을 전달하기 위하여 역사적 사건 및 인물에 관한 자료를 수집, 관리 보존, 조사, 연구, 전시, 추모하는 기관으로 박물관의 일반기능에 더해 기념관에서는 역사적 사건이나 인물을 기억하기 위해 건립되었기에 역사의 해석기능과 문화적 소통기능, 추모의 기능이 기념관의 교육적 기능을 더욱 강화시키는 기제로 작용한다.[56]

민세 안재홍 생가의 장소성과 고덕신도시의 가치 철학에 비추어 민세역사공원은 향후 인근 미군탄약고를 활용, 공간재생을 기획중인 "알파탄약고공원"과 더불어 고덕신도시의 특화 공원의 하나로 자리잡을 것이다. 그러기 위해서는 민세 생가의 가치와 민세 정신을 답사객들에게 홍보하기 위해 〈민세기념관〉 건립이 필수적이다. 이미 건국훈장 대통령장 이상 주요 독립운동가들의 기념관이 국가보훈처와 인물관련 자치단체의 협력 속에 계속 건립되고 있다.

앞서 언급한 것처럼 민세 안재홍 선생은 경기도 평택 출신의 대표적인 민족운동가로 민족정기 확립에 힘쓴 분이다. 이에 민세 선생의 숭고한 나라사랑 문화 창달의 정신을 되새기고 그 정신을 청소년과 후손들에게 교육하고 고양할 교육장으로 민세기념관 건립이 필요하며 특히 민세 생가 부근은 그 장소성 측면에서 가장 적합하다. 특히 민세가 제시한 "민족에서 세계로, 세계에서 민족으로"의 열린민족주의는 21세기 대한민국의 가치이자, 평택 고덕신도시가 지향하는 "열린 국제성"에 비추어 필수적 공간으로 자리매김할 것이다.

---

[56] 박희명, 「기념관의 역사와 교육기능 연구」, 제4회 민세공원 연구 『한국역사인물기념관·공원의 현황과 사례』, 민세안재홍기념사업회, 2011, 6쪽.

〈민세기념관〉의 건립목적은 안재홍의 숭고한 나라사랑 정신과 열린민족주의 정신, "다사리 공동체 정신"을 이어받아 민족정기를 함양하는 국민정신교육의 공간 조성에 있다. 세부 추진 방향으로 첫째, 이곳은 민세 안재홍 선생의 열린민족주의와 한국학 진흥 정신을 배우고 실천하는 공간이어야 한다. 이를 위한 방법에는 민세 안재홍 선생의 애국, 나라사랑 정신을 함양, "신민족주의", 다사리 사상을 연구하고, 독립운동 일대기를 정리 홍보하며, 추모 선양사업을 심화 발전시켜 나가야 한다.

둘째, 민세 안재홍 선생의 겨레사랑, 민족정기 확립을 계승하는 행사를 통해 이 곳을 찾는 시민들과 자라나는 청소년의 국가관 지역정체성 확립에 힘쓰는 상징 공간이어야 한다. 이를 위해 민세의 항일 및 조선학운동을 교육모델로 개발하여 청소년교육의 전당으로 활용하고 항일운동 및 조선학운동의 정신을 계승하는 "민족정기 확립", "한국학 학술회의" 등을 통해 나라사랑과 한국학 심화발전의 필요성을 널리 확산시켜나가야 한다.

또한 평택의 자랑스러운 항일운동의 역사를 정리·홍보·교육하는 상징 공간으로 활용하고 향후 이곳에서 전국적 규모의 민세 선생을 기리는 민세상 시상, 민세 안재홍 선생의 활동 범위를 포괄하는 "민세문화제" 등의 행사 기획을 통해 민세정신의 전국화를 기획하는 것이 필요하다.

셋째, 이 곳은 민족정기 확립의 전당으로 국가와 지역사회 발전, 고덕국제신도시의 가치를 높이며 민족문화 창달에 기초를 마련하는 것이다. 이를 위해 민세 안재홍 선생의 열린민족주의 정신을 지역정신과 민족정신으로 승화시켜 지역과 국가발전의 정체성을 확립해야 한다. 또한 동서양 열린 민족주의, 국제적 민족주의, 사회통합 교류의 장이며 "민세주의", "민세학" 전파의 상징공간이자, 더 나아가 국민통합의 전당으로 활용하려는 노력이 필요하다.

Ⅳ. 맺는말

지금까지 지난 16년간 추진해온 〈안재홍기념사업회〉의 사업성과를 정리하고 향후 기념사업 발전을 위한 과제를 제시했다. 이를 위해 먼저 현재 국가보훈정책의 흐름을 살펴보았다. 국가보훈정책은 과거에는 주로 대상자들에게 직접적인 지원을 하는 시혜적 보상정책이 주류를 이루었으나 경제발전과 사회 환경 변화에 따라 1990년대 이후에는 유공자의 정신을 현재와 미래 세대에 계승하기 위한 다양한 상징사업 전개가 더 중시되고 있다.

2015년말 현재 〈국가보훈처〉 기념사업 담당 부서에 등록된 독립운동관련 기념사업회는 67개 정도이다. 그러나 대부분의 기념사업회는 자체 재원 부족으로 인해 실무인력이 없어 추모식과 자료 발간 정도의 사업을 하는 곳이 많다. 다행히 2005년 〈국가보훈기본법〉이 제정돼 독립운동 관련 인물의 고향 자치단체에서 예산과 행정지원을 할 수 있는 법적 근거가 마련되어 향후 기념사업 활성화에 도움을 줄 것으로 예상된다.

〈안재홍기념사업회〉 창립 배경은 크게 세 가지 측면에서 살펴보았다. 첫째, 1989년 3월 1일 민세가 〈건국훈장 대통령장〉을 수여받으면서 한국사회에서 오랜 침묵을 깨고 복권되었다는 점이다. 이후 국립현충원 위패 안장, 안재홍 생가 경기도 문화재 지정 등이 이어져 기념사업 창립의 사회적 분위기가 형성됐다. 둘째, 1995년 지방자치제 전면 실시 이후 각 지역에서 장소자산으로서 항일역사인물 선양사업에 나서기 시작한다. 전국각지에서 기념사업회가 만들어지고, 기념관도 건립되기 시작한다. 셋째, 평택지역사회의 관심이 높아지고 다양한 협력 네트워크가 구축되었다는 점도 중요하다. 이 시기에 평택을 상징하는 근현대 대표 인물로 안재홍에 대한 관심이 커지고 있었다. 평택시에서도 적극적 관심을 가지고 지원과 협력을 아끼지 않았다. 천관우,

한영우, 정윤재, 김인식 등 후학에 의해 안재홍 재조명의 중요성을 일깨우는 학문적 연구 성과가 축적된 점도 빼놓을 수 없다.

〈안재홍기념사업회〉는 1999년 4월 17일 〈평택시민아카데미〉 제2회 민세 강좌가 그 출발점이었다. 안재홍 연구자 김인식 박사를 초청하여, '안재홍의 생애와 사상'이라는 강좌를 듣고 여기 참석한 유족과 지역사회 각계인사는 〈안재홍기념사업회〉 창립에 뜻을 모은다. 1999년 12월 4일 〈안재홍기념사업회〉 창립 발기인대회를 개최하여, 조기흥 평택대 총장을 준비위원장으로 선출하고 11개월의 준비 끝에 2000년 10월 21일 김선기 평택시장을 초대회장으로 창립기념식을 열었다.

〈안재홍기념사업회〉 활동은 크게 3단계 흐름으로 나눠서 사업 특성을 살펴봤다. 제1기는 2000년부터 2005년까지로 안재홍 추모식, 학술연구, 자료발간 등 기념사업이 꼭 실천해야 할 기본 목적사업에 충실했다. 3월 1일 안재홍 추모식, 안재홍 전기발간, 민세학술대회 개최, 논문집 발간 등이 이 시기 주요 사업 성과다. 제2기는 2005년부터 2009년까지로 김선기 초대회장의 뒤를 이어 한국사회 원로 김진현 전 과기처 장관을 회장으로 추대하여, 기념사업 다각화의 발판을 마련했다. 이 시기에는 〈조찬다사리포럼〉을 비롯해 민세공원 연구, 다사리역사학교, 민세기획전, 민세어록비 건립 등 사업이 활발하게 추진됐다.

제3기는 2010부터 2015년까지로 사업 예산 등 외부 지원이 활발해져 추모계기사업, 학술연구사업, 자료발간사업, 교육문화사업, 기획연대 사업 등 다양한 분야의 선양사업이 활발하게 추진되는 시기였다. 특히 민세상 제정 시상, 백두산대장정, 다사리미술 독후감대회, 민세리더십 학교, 민세연구총서 발간 등이 주요 사업 성과라고 할 수 있다.

〈안재홍기념사업회〉의 분야별 사업성과를 정리하면 다음과 같다. 첫째,

사회정치적 분위기에 휩쓸리지 않고 기념사업의 목적성을 유지하고 민관협력을 실천했다. 안재홍의 고향 평택에 기반을 두고 지역사회 각계의 뜻있는 젊은 지도자들이 참여하여 사업에 활력을 불어 넣고 지역사랑의 실천으로 기념사업회 운영에 함께 노력했다. 여기에 〈국가보훈처〉, 〈평택시〉 등의 기념사업에 대한 꾸준한 지원과 안재홍과 항일언론활동 등으로 인연이 깊은 〈조선일보〉의 꾸준한 보도, 평택지역 언론 등의 지속적인 홍보 등이 어우러져 사업별 성과를 내는 데 일조했다.

둘째, 안재홍 관련 주요 기념일 계기 사업을 전개해왔다. 매년 3월 1일 3·1만세운동 기념일이자 안재홍 서거일을 맞아 3·1 추모식을 거행했고 6월에는 〈호국보훈의 달〉 안재홍 전시회도 열었다. 8월 15일에는 안재홍 최초 해방연설을 기념, 강연회·음악회·기념식도 개최했다. 〈조선어학회〉 사건으로 투옥된 안재홍의 한글사랑 정신을 기려 10월 9일에는 안재홍 생가 등에서 한글날 기념 문화제도 열었다. 셋째, 안재홍과 관련한 주기 기념행사도 열었다. 그동안 2002년 7월의 독립운동가 공훈선양 행사, 백두산등척 80주년 기념식 답사, 창립 10주년 기념식, 〈조선학운동〉 80주년 기념학술행사, 〈안재홍 고택〉 건축 100년 기념문화제, 서세 50주기 추모식, 해방연설 70주년 기념식 등을 열어 그 뜻을 기렸다. 넷째, 안재홍의 학문적 업적 재조명을 위해 꾸준하게 학술행사와 자료발간사업을 추진했다. 2001년 첫 학술대회를 시작으로 2015년까지 총 9번의 민세학술대회를 열었다. 또한 8권의 『민세학술총서』를 발간하고 『안재홍 평전 : 다사리공동체를 향하여』 등 2권의 전기, 『민세선집 6권』~『민세선집 8권』 발간, 안재홍 저작을 현대어로 풀어 쓴 『백두산등척기』 등을 간행했다.

다섯째, 일평생을 조국독립과 통일국가 수립에 헌신하면서 특히 평생교육을 강조하고 실천한 안재홍의 정신을 실천하고자 2006년 9월부터 '조찬다사

리포럼'을 열었다. 이 사업은 조찬학습을 통한 평택지역 지도자 교육을 목표
로 했고 평생학습의 중요성을 확산하는데 기여했다. 여섯째, 〈평택시〉, 〈조
선일보〉 등의 후원으로 사회통합과 한국학 진흥에 공로가 있는 인사를 선발
시상하는 〈민세상〉 사업을 통해 안재홍을 전국적으로 알리는 데도 기여했
다. 일곱째, 안재홍이 창립을 주도한 일제강점하 최대 항일민족운동단체였
던 〈신간회〉 재조명 사업을 꾸준하게 전개해왔다.

〈안재홍기념사업회〉는 향후 추진해야 할 과제도 가지고 있다. 우선 기념
사업회의 조직을 더욱 탄탄하게 하기 위해 노력해나가야 한다. 또한 지금까
지 해온 사업을 평가하고 더욱 깊이 있는 기념사업이 이루어질 수 있도록
다양한 과제를 개발하고 풀어나가야 한다. 안재홍 관련 문헌 등 자료 수집과
소재 파악, 시민과 청소년 대상 주제 프로그램 개발도 해나가야 한다. 안재홍
이 답사도 하고 조사단도 파견한 〈백두산〉, 〈독도〉 등 영토문제에 대한 관심
도 키워나갈 필요가 있다.

이 밖에 안재홍 관련 가족, 지인들의 회고를 정리하여 기념관 조성시 자료
로 활용할 수 있도록 준비하고 〈안재홍기념공원〉·〈안재홍기념관〉 건립을
위한 충분한 사전 준비도 해야 한다.

〈안재홍기념사업회〉는 적지 않은 시간 동안 '민족운동가 안재홍'의 정신을
조명하고, 계승하는 데 힘써왔다. 민세의 좌우명 '100년을 돌이켜 자기를 바
라보라'는 다짐을 기억하며 1950년 6·25전쟁과 함께 현대사에서 사라졌다가
1989년 복권·서훈과 함께 다시 역사공간으로 돌아온 안재홍을 함께 읽고
따르려고 노력해왔다. 다행히 엄혹한 일제강점기에 안재홍이 주창한 '민족에
서 세계로, 세계에서 다시 민족으로'라는 민세주의는 이제 '열린 민족주의'라
는 21세기의 가치로 새롭게 평가받고 있다.

역사인물을 재조명하는 일의 가치는 우선 그 사람들의 진실했던 실천의

삶이 후대를 살아가는 사람들에게 모범적 기준을 제공하는 일에 있다. 특히 독립운동의 지도자들이 보여주는 희생과 헌신의 리더십은 우리에게 무엇이 진정 가치 있는 삶인지를 일깨우는 좌표가 된다. 사람은 과거만이 진실이라고 한다. 미래에 대한 거창하고 때로는 구호에 불과한 약속만 난무하는 시대에 치열한 과거를 지키고 만든 사람들의 삶은 그대로 우리의 심금을 울린다. 또한 그런 뛰어난 역사의식을 가지고 시대의 과제에 온몸으로 맞선 사람들의 자기조절과 타자에 대한 헌신은 제대로 된 스토리가 있는 삶이 주는 감동을 느끼게 한다. 그래서 과거의 인물들은 살아있는 우리가 힘든 오늘을 견디고 미래도 가뿐하게 이겨낼 용기를 주는 것이다.

〈안재홍기념사업회〉도 이제 커다란 변화를 준비하는 시점이다. 40년 가까운 '안재홍 자료집성'과 16년에 걸친 기념사업에서 보여준 끈기를 유지하면서도 안재홍의 유업을 계속 실천하며 '안재홍기념공원·기념관' 조성과 같은 가시적인 사업도 차분하게 준비해서 하늘에 계신 민세도 좋아할 만한 창의적인 기념사업이 계속될 수 있도록 노력해야 할 것이다. 이 글이 〈안재홍기념사업회〉의 지난 시간을 성찰하고 미래의 기념사업들을 올바로 준비하는 데 일조하고, 독립운동가들의 열정을 미래세대에 기억·전승하기 위해 애쓰는 국내 여러 독립운동가 기념사업회의 활성화에도 유용한 자료가 되기를 바란다.

참고문헌

국가보훈처,『2015년도 나라사랑의식 조사 지수 조사보고서』, 리서치&리서치, 2015.

고려대 박물관,「민세 안재홍 선생기증 자료목록」, 2004.

기시미 이치로,『늙어갈 용기』, 글항아리, 2015.

김성환, '한국사 천년을 만든 100인', 오늘의책, 1998.

김신일 · 박부권 편저,『학습사회의 교육학』, 학지사, 2010.

김종서 외,『평생교육개론』, 교육과학사, 2014.

김진현,『민세후답』, 민세안재홍기념사업회, 2016.

김형국,『고장의 문화판촉』, 학고재, 2002.

김인식,『안재홍의 신국가건설운동』, 선인, 2005.

_____,『중도의 길을 걸은 신민족주의자: 안재홍의 삶과 생각』, 역사공간, 2009.

민세안재홍기념사업,「민세안재홍선생 35주기 추도식 자료집」, 2000.3.1.

_____,「민세안재홍선생기념사업회 창립대회 자료집」, 2000.10.21.

_____,『정기총회 보고서』, 2007~2015.

_____,『제2회 민세상 수상소감』, 2011.11.

_____,『민세와 두릉리 가족이야기1』, 2009.

독립기념관,「민세 기증자료」 목록, 독립기념관 자료실, 2013.

박찬승,『민족주의의 시대』, 경인문화사, 2010.

박희명,「기념관의 역사와 교육기능 연구」, 제4회 민세공원 연구.

_____,『한국역사인물기념관 · 공원의 현황과 사례』, 2011.

배경화,「상징정책으로서의 국가보훈정책의 실질정책화를 위한 효율적인 운영방안 연구」,『보훈논문집 국가보훈처』, 2001.

서중석,『한국현대사』, 경인문화사, 2005.

안기희,「보훈정책의 당면과제와 발전방안」,『보훈정책의 현황과 전망』, 한국보훈학회, 2004.

안재홍,『민세안재홍선집 1』, 지식산업사, 1981.

_____,『민세안재홍선집 2』, 지식산업사, 1983.

_____,『민세안재홍선집 3』, 지식산업사, 1991.

_____,『민세안재홍선집 4』, 지식산업사, 1999.

_____,『민세안재홍선집 5』, 지식산업사, 2000.

_____,『민세안재홍선집 6』, 지식산업사, 2005.

_____,『민세안재홍선집 7』, 지식산업사, 2008.

안재홍 지음, 김인희 역주,『조선상고사감』, 우리역사연구재단, 2014.

에드워드 렐프,『장소와 장소상실』, 논형, 2005.

이지원,『한국근대문화사상사 연구』, 혜안, 2007.

장규식,『서울, 공간으로 본 역사』, 혜안, 2004.

정병준,『독도 1947』, 돌베개, 2010.

정윤재,『다사리공동체를 향하여』, 한울, 2003.

조선일보,「민세 안재홍씨 며느리 김순경 여사」인터뷰, 1974.11.

차갑부,『평생교육론』, 교육과학사, 2014.

한상도,「독립운동시기 김원봉의 통합-연대활동」, 제10회 민세학술대회『민족운
동가들의 교류와 협동』, 2016.

한영우,『한국선비지성사』, 지식산업사, 2011.

황우갑,『성찰적 지역사회와 시민운동』, 봉명, 2001.

필자소개

▌김인식 ▌

· 중앙대학교 교양학부대학 교수

중앙대 사학과 · 동대학원 문학박사

민세안재홍기념사업회 학술이사, 한국민족운동사학회 편집위원

한국독립운동사연구 편집위원, 국가보훈처 독립유공자서훈 공적심사위원

논저 : 『안재홍의 신국가건설운동(1944~1948)』(선인, 2005)

『중도의 길을 걸은 신민족주의자 : 안재홍의 생각과 삶』(역사공간, 2006)

『광복 전후 국가건설론』(독립기념관 한국독립운동사연구소, 2008)

『대한민국 정부수립』(대한민국역사박물관, 2014)

▌황우갑 ▌

· 숭실대 CR글로벌리더십연구소 선임연구원

고려대 국어국문학과 · 성공회대 문화대학원 문화예술경영학과 졸업

숭실대대학원 평생교육학과 박사과정 재학

평택시민아카데미 회장, 민세안재홍기념사업회 사무국장

알파탄약고공원추진위원회 사무국장, 평택시청소년재단 이사

논저 : 『성찰적 지역사회와 시민운동』(봉명, 2001)

『안재홍의 항일과 건국사상』(공저) (백산서당, 2010)

『반환미군기지의 문화적 재생방안 연구』(성공회대 문화대학원 석사 논문, 2006)